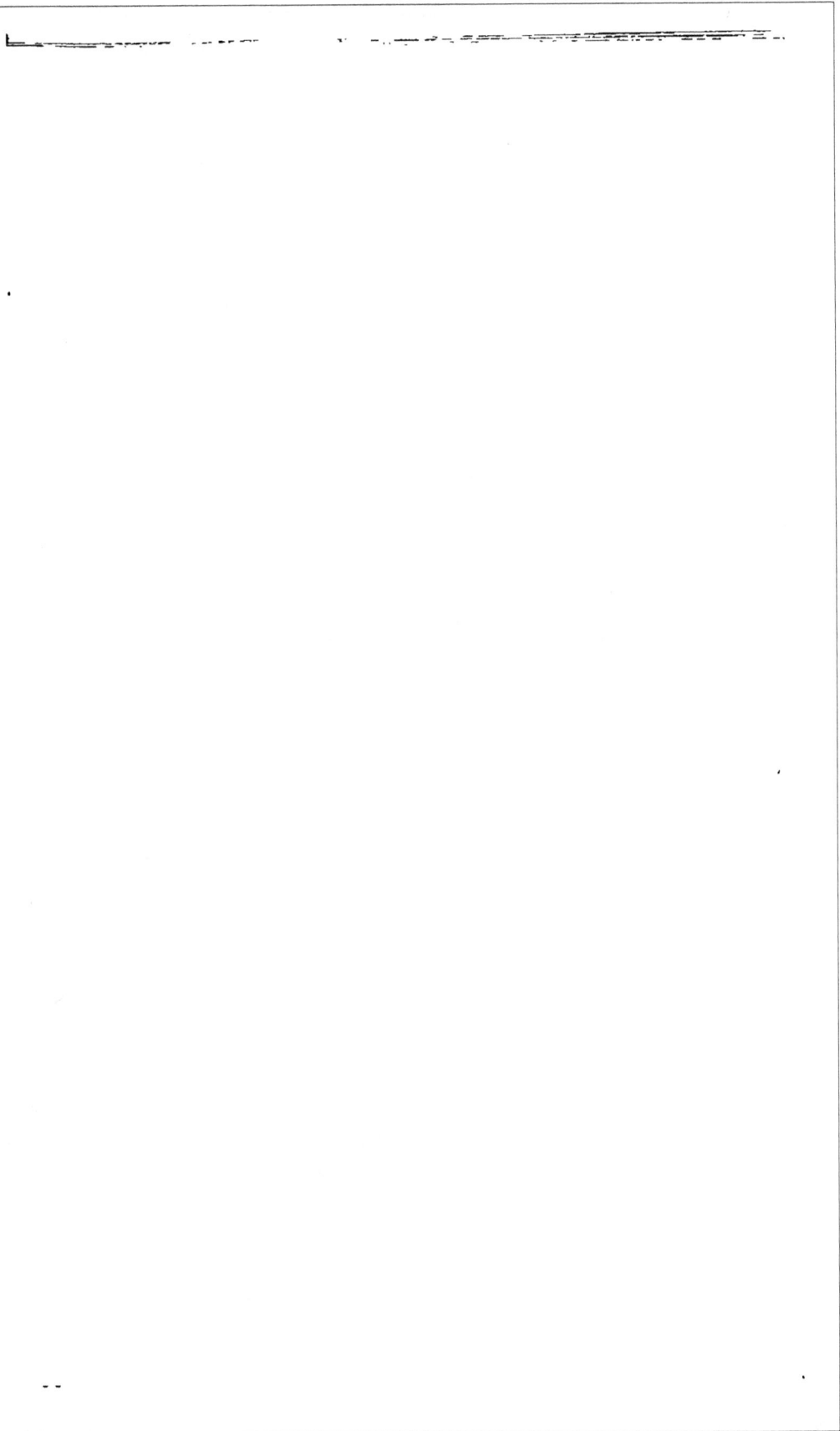

ROMANS

COLLECTION HETZEL.

HISTOIRE

VOYAGES

L'HOMME DE FER

PAR

PAUL FÉVAL.

TOME II.

BRUXELLES,
ALPHONSE LEBÈGUE, ÉDITEUR,
1, rue des Jardins d'Idalie.

1856

POÉSIES

L'HOMME DE FER.

BRUXELLES — TYP. DE J. VANBUGGENHOUDT.
Rue de Schaerbeek, 12.

COLLECTION HETZEL.

—

L'HOMME DE FER

PAR

PAUL FÉVAL.

—

TOME DEUXIÈME

BRUXELLES,

ALPHONSE LEBÈGUE, ÉDITEUR

4, rue du Jardin d'Idalie.

—

1856

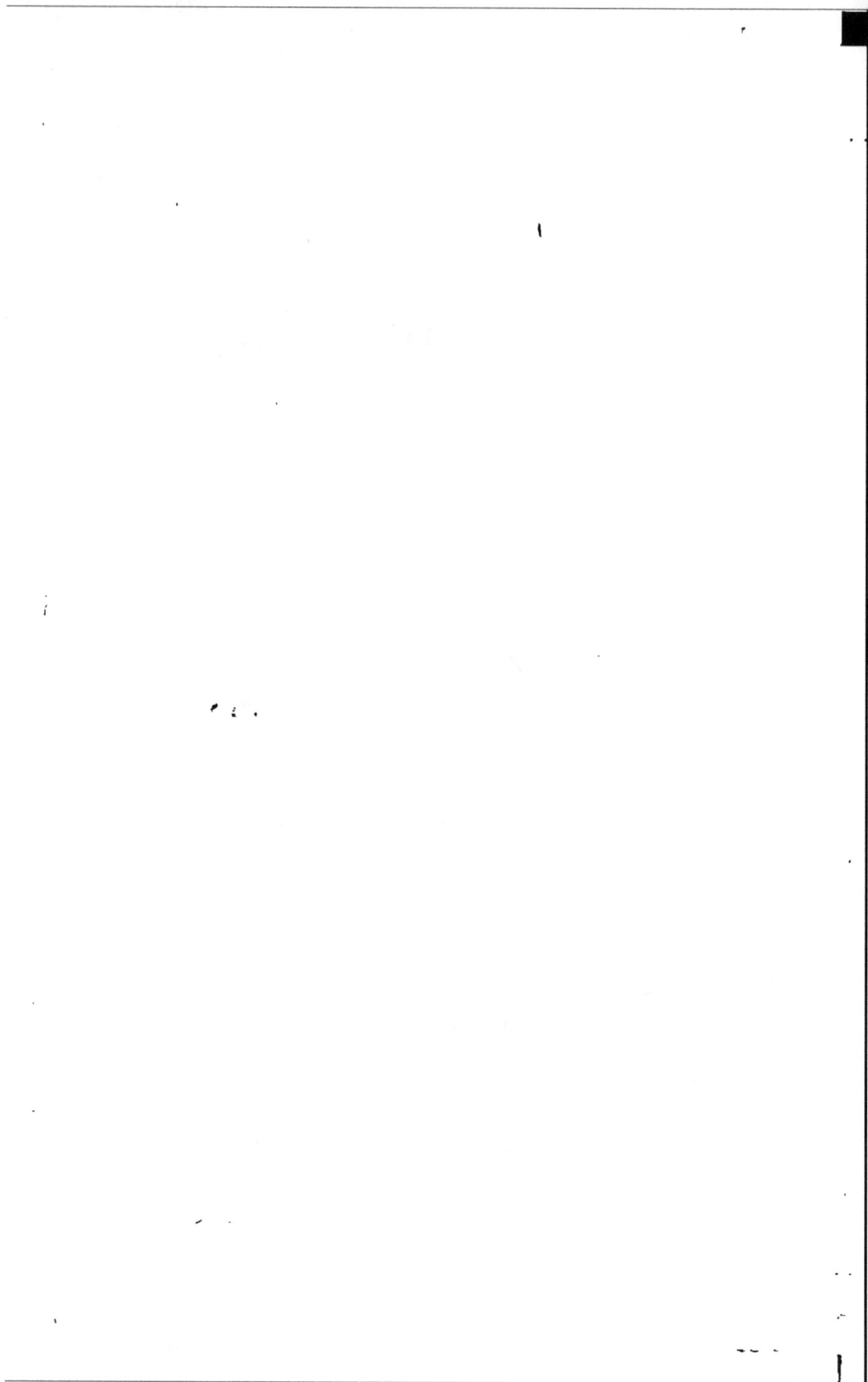

l

— Rivales. —

Celui qui avait imaginé cette bizarre et dange--
reuse galanterie ne devait pas être très-loin, car la
flèche, dirigée avec une merveilleuse adresse, avait
dû raser le sein de Berthe pour se planter entre
elle et sa compagne. Comme nous l'avons dit, le
logis de dame Fanchon le Priol occupait l'autre
côté de la rue. Derrière le logis de dame Fanchon,
qui était bas et à un seul étage, il y avait des ter-
rains vagues et des masures. C'était de là très-cer-
tainement que le coup était parti.

L'effroi de Berthe n'avait été qu'un mouvement

passager. Celui de Jeannine durait encore. Berthe monta sur le balcon et regarda de tous ses yeux. La rue était déserte. Dans les orties, broussailles et pauvres ruines qui s'étendaient à perte de vue derrière la petite maison le Priol, personne ne se montrait.

Berthe rentra et ferma la croisée.

Jeannine était toute tremblante.

— Je n'ai plus besoin de te rien expliquer, ma fille, dit Berthe ; tu vois ce que c'est... Et, aujourd'hui comme hier, la pomme tombe entre nous deux... Est-ce pour toi ? est-ce pour moi ?...

— C'est pour vous, répliqua Jeannine, puisque c'est pour la plus belle.

— Assieds-toi là, flatteuse ! Ce n'est pas parce que ces présents mystérieux sont destinés à la plus belle que je me les attribue, c'est parce que...

Elle hésita et jeta un regard furtif sur Jeannine, qui était très-pâle.

— Mais tu as peut-être, toi aussi, des raisons, s'interrompit-elle, pour croire qu'ils te sont adressés ?

— C'est vrai, dit Jeannine.

Et cela fut prononcé vivement, comme si elle eût été bien aise de faire un aveu à son tour.

Elle songeait... elle songeait à ce hasard étrange qui la mettait deux fois en face de Berthe et qui la faisait deux fois sa rivale.

Et combien de bon cœur elle lui cédait le béné-
fice de cette seconde rivalité !

Quant à l'autre, pauvre Jeannine ! ne vous suf-
fit-il pas qu'elle ait perdu son gai sourire ?

Aubry ! Aubry ! depuis quinze jours, ce nom
était sur sa lèvre et dans son cœur. Mais elle ne
mentait pas quand elle disait à Berthe : « Non,
mademoiselle, je ne suis pas votre rivale. »

Elle ne mentait pas, car on ne pèche que par la
volonté. Or, la pauvre Jeannine s'était enfuie du
manoir du Roz précisément pour n'être pas la
rivale de la fille de Maurever.

Elle aimait, c'est vrai ; mais elle combattait son
amour.

Et il y avait en elle de ce bon sang de Jeannin,
de ce sang qui fait battre les cœurs dévoués jusqu'au martyre. Elle savait déjà souffrir.

Berthe se trompait. Jeannine était son amie plus
que jamais. Seulement, Jeannine ne pouvait plus
se livrer aux joyeuses caresses qui égayent les
entretiens de jeunes filles. Elle se sentait condamnée depuis le jour où elle avait quitté le Roz.
Elle n'espérait plus.

Et l'amour obstiné d'Aubry lui faisait peur.

Peur et plaisir, hélas ! car elle était fille d'Ève.

— Ah ! reprit Berthe intriguée, tu as des raisons
de penser cela ? Quelles raisons ?

Au lieu de répondre, Jeannine tira de son sein

un petit médaillon d'or guilloché où ces mêmes
mots, répétés déjà tant de fois : *A la plus belle*, se
trouvaient gravés au poinçon.

Berthe laissa échapper un mouvement de sur-
prise.

— Avant-hier, dit-elle, en m'éveillant, j'en ai
trouvé un tout pareil à mon chevet.

— C'est à mon chevet, avant-hier, en m'éveillant, que j'ai trouvé celui-là, murmura Jeannine.

Il y eut un silence.

Les deux jeunes filles se regardaient, également
étonnées.

— Et..., articula Berthe avec effort, l'as-tu vu?

Cette question choquait toutes les règles de la
grammaire. En bonne syntaxe, l'article *le* devait
se rapporter au médaillon, et pourtant il ne s'agis-
sait plus du tout du médaillon.

Jeannine n'eût pas été femme si elle eût pris le
change. Elle répondit sans hésiter :

- Je l'ai vu.

— Comment est-il? demanda Berthe.

— Il est beau... plus beau que pas un de nos
jeunes gens.

— C'est vrai, murmura Berthe comme en se
parlant à elle-même; Aubry lui-même est moins
beau que lui.

— Oh! fit Jeannine vivement, ce n'est pas la
même chose !

Et, se reprenant aussitôt, elle ajouta :

— Je veux dire qu'ils ne sont pas du même âge. Celui dont nous parlons a bien vingt-six à vingt-sept ans à peu près.

— Il est blanc de teint comme une femme... et si pâle...

— Oh ! si pâle, qu'on dirait un mort de marbre sculpté sur une tombe !

— Oui... et pourtant chacun de ses mouvements décèle la vigueur.

C'était Jeannine qui disait cela.

Berthe reprit :

— La première fois que je le vis, moi, c'était en la cathédrale... Il était adossé contre le second pilier de la nef, à gauche, et un rayon bleu tombait du vitrail qui fait la robe de la Vierge, sur son front triste... Je ne sais pourquoi mon cœur eut le frisson... Il vint du froid jusqu'en mes veines !

— Moi, reprit Jeannine, je l'aperçus à la chapelle Saint-Just. C'était le soir, au salut. Il s'appuyait contre la statue de l'Évangéliste. La lune venait dans ses yeux, clairs et froids comme du cristal...

— Et il me regardait, poursuivit Berthe ; il me regardait !...

— Moi de même... j'en perdis presque le fil de mon oraison !

— Et son nom, demanda Berthe, le sais-tu ?

— Personne ne le sait.

— C'est étrange !

— Ma grand'mère Fanchon, qui est vieille et qui cause avec tout le monde, dit que c'est un prince d'Orient, venu en pèlerinage au mont Saint-Michel.

— Il a bien l'air d'un prince, murmura Berthe.

— L'aumônier de Sainte-Rosalie dit que c'est un païen et qu'on devrait fermer devant lui la porte des églises.

— Il a bien l'air d'un païen ! murmura encore Berthe, qui rêvait ; j'ai vu dans les figures de l'histoire sainte le portrait de ce duc assyrien, Holopherne, tué par la noble Judith, dame de Béthulie, au temps de Nabuchodonosor... Ce portrait lui ressemble... Depuis cette première fois, reprit-elle en s'adressant à Jeannine, je le rencontre partout sur mon passage... Et avant-hier, je le vis, de loin, dans les bois de Landal, qui chevauchait aux côtés d'Aubry...

— Que Dieu garde messire Aubry ! prononça Jeannine si bas, que Berthe ne put l'entendre.

— L'aimes-tu ? demanda Berthe tout à coup.

Jeannine recula épouvantée.

Pour elle, cette question se rapportait à Aubry de Kergariou.

— Si je l'aime ?... répéta-t-elle.

— Folle que je suis ! s'écria Berthe : autour du

manoir du Roz il y a des jeunes gens de ton âge. N'es-tu pas trop bonne chrétienne pour aimer cet inconnu que l'on soupçonne d'être un mécréant?

Jeannine respira. Mais elle ne voulut plus affronter le danger de ces méprises.

— Ma chère demoiselle, dit-elle en changeant de ton, vous m'avez fait oublier le motif de ma venue...

— C'est juste! interrompit Berthe; il te faut à présent des motifs pour me venir voir!

— Mon père m'a écrit et m'a chargée de vous dire que messire Aubry sollicite la faveur de vous accompagner à l'assemblée de Pontorson, qui sera suivie de belles joutes sur la rive normande, en l'honneur des nouveaux chevaliers de Saint-Michel.

Le rouge monta au visage de Berthe.

— Aubry! s'écria-t-elle sans prendre souci de dissimuler sa joie; Aubry va venir!

— Dans une heure, répliqua Jeannine, messire Aubry sera ici avec sa suite.

— Et tu ne parlais pas, Jeannine! Dans une heure!

Elle se leva toute radieuse et souriante.

— Javotte! Javotte! appela-t-elle; ici! vite! vite! Mon Dieu! s'interrompit-elle, comme me voilà faite! Je suis laide! je ne sais pourquoi l'on me coiffe ainsi! Javotte! Javotte!

Javotte se montra sur le seuil.

— Mais viens donc, ma fille ! dit Berthe d'un ton grondeur et effaré ; tu vois bien qu'il me faut faire un peu de toilette !

Javotte fixa sur elle ses gros yeux stupéfaits.

— Mi Jésus ! murmura-t-elle, nous venons d'y passer deux bonnes heures !

— Regarde ! continuait Berthe, regarde si cela ne donne pas compassion ! Mon corsage fait un pli mal gracieux au beau milieu de ma poitrine ! et ne mettrait-on pas le poing dans ma ceinture ! Ah ! Seigneur ! Seigneur ! que je suis abandonnée ! N'as-tu pas honte, Javotte, de me laisser aux bras ces festons surannés ? La mode en était sous le feu duc ! Et mes cheveux ! ne dirait-on point que tu as cru coiffer madame ma chère tante ?... Vraiment, moi, je l'admire, Javotte ! tu restes là, tu ne dis rien... Penses-tu que ce soit à toi que je parle ?

— Ah ! dame ! ah ! dame ! fit Javotte suffoquée ; mi Jésus !... de quoi !... faut pas mentir... ah ! dame !

Elle ne savait positivement point d'où lui tombait cette averse de reproches. Son regard courroucé se tourna vers Jeannine. La pauvre Jeannine, triste et muette, se tenait auprès de la croisée.

— C'est ce bel oiseau-là, pensa Javotte, qui me vaut ce paquet !... Je te retrouverai, péronnelle !

— Voyons! reprit Berthe avec une pétulance croissante, m'entends-tu, oui ou non? Je ne veux pas de ce corsage! je ne veux pas de cette ceinture! je ne veux pas de ces tresses lourdes et gauchement disposées!...

— C'est bon, c'est bon, notre demoiselle!

— Je veux être jolie aujourd'hui...

— Notre demoiselle l'est toujours!...

— Silence! et à l'ouvrage!

Ce fut un grave et solennel quart d'heure.

Un vrai coup de feu où Javotte ne se montra point trop au-dessous de la responsabilité qui pesait sur elle.

Elle se multiplia, elle se surpassa.

La fine taille de Berthe s'assouplit sous un autre corsage; ses beaux cheveux ondulèrent, prodiguant leurs opulents reflets.

Jeannine rêvait. Il y avait une larme à sa paupière.

Elle n'était pas jalouse; non. Mais elle pleurait ainsi chaque fois qu'elle interrogeait l'avenir, où il n'y avait pour elle que solitude et tristesse.

— La! s'écria Berthe, viens çà, Jeannine! suis-je belle?

— Oui, mademoiselle Berthe, répondit la jeune fille, qui essaya de sourire : vous êtes bien belle.

— Tu nous accompagneras, Jeannine?

— Non... oh ! non ! répondit celle-ci avec un gros soupir.

— Je le veux...

— Je vous en prie, mademoiselle..., voulut dire encore la jeune fille.

Mais Berthe prit sa brune tête à pleines mains et la baisa gaiement en répétant :

— Je le veux !

En ce moment le pavé de la cour retentit sous les pas des chevaux. Berthe perdit sa gaieté; son sein se souleva. Elle jeta un regard craintif vers son miroir; elle ne se trouvait plus assez jolie.

Mi Jésus ! Javotte, qui était un peu physionomiste, craignit un instant d'être obligée de recommencer une troisième fois la toilette de mademoiselle de Maurever. Mais il n'était plus temps, heureusement pour Javotte.

Berthe descendit au salon, où dame Josèphe de la Croix-Mauduit recevait messire Aubry et sa suite.

Le soleil chaud était derrière les nuages.

La cavalcade descendait le chemin de Dol à Pontorson.

C'étaient d'abord deux hommes d'armes de Maurever, suivis du page mignon de Berthe, qui se nommait Fidèle, tout comme un petit chien.

Venait ensuite la vieille dame Josèphe, montée sur une vieille haquenée grise; un vieux faucon au poing, un vieil écuyer à la hanche droite, une plus vieille suivante à la hanche gauche.

En troisième lieu, Berthe, Jeannine et Aubry chevauchaient côte à côte : Aubry entre deux.

L'arrière-garde était composée de Jeannin et de deux vassaux de Kergariou, équipés en hommes d'armes pour cette grande occasion.

Berthe était bien heureuse. Elle n'avait jamais vu Aubry, son beau cousin, si gai et si galant.

Elle se disait :

—Que j'ai eu bonne idée de faire une autre toilette !

Javotte, que nous avons eu le tort de ne pas mentionner dans le dénombrement de la cavalcade, se tenait entre sa maîtresse et l'arrière-garde. Elle était fort en courroux de voir la *petite Jeannine* sur la même ligne que mademoiselle de Maurever.

Elle avait son juron spécial, cette grosse Javotte, comme si elle eût été un roi de France destiné à servir de pâture aux dramaturges. Elle jurait *mi Jésus !* avec l'aplomb que mettaient les archers romantiques à jurer *nombril de Belzébuth !* Je vous affirme qu'elle eût cherché quelque juron mieux caractérisé, si elle avait bien compris ce qui se passait entre Aubry, Berthe et Jeannine.

Mais comment deviner cela ? On est embarrassé rien que pour le dire.

Vous connaissez peut-être ces lorgnettes à ricochet qui louchent de la façon la plus indiscrète, qui voient de côté, qui voient même par derrière ; petites merveilles d'optique à l'aide desquelles on espionne au spectacle la loge de son voisin ?

On regarde devant soi bien innocemment, et l'on ne perd rien de ce qui se passe à droite ou à gauche.

Quelque chose de semblable se passait entre Berthe, Aubry et Jeannine. Il y avait ricochet, non point de regards, mais de paroles. Aubry parlait à Berthe pour que Jeannine entendît. Et Jeannine entendait, puisqu'elle rougissait, sérieuse et muette.

C'était pour cela que messire Aubry était si gai, si empressé, si galant !

Pauvre Berthe, avec sa seconde toilette !

II

— La cavalcade. —

Et pauvre Jeannine aussi ! car elle souffrait cruellement de ce qui peut-être eût fait la joie d'une autre jeune fille. Ces douces paroles d'Aubry, qui lui arrivaient par ricochet, ne la consolaient point. Elle avait fait son sacrifice sérieusement et résolûment. Cette journée rouvrait la plaie vive de son cœur.

Sait-on quelque chose quand on est tout enfant? Il n'y avait pas bien longtemps que Jeannine s'était interrogée au dedans de son âme. Il avait fallu

pour cela les regards soupçonneux de madame
Reine, sa rudesse succédant à la bienveillante affection, ses demi-mots cruels, tout ce changement,
enfin, qui s'était opéré en elle et que Jeannine
n'avait pu manquer de constater.

Jeannine avait pour madame Reine le respect le
plus profond, la tendresse la plus dévouée. Elle se
demanda un jour pourquoi madame Reine avait
ainsi changé. Hélas! la réponse ne se fit pas attendre. Aubry était fils d'un chevalier; Aubry était
héritier de trois domaines; Aubry avait devant lui
tout un noble avenir.

Et le père de Jeannine n'était qu'un pauvre
écuyer.

Ne vous étonnez plus si l'espiègle enfant est de-
venue en si peu de temps une jeune fille mélancolique et grave. Ce jour dont nous parlons fut celui
où madame Reine lui ordonna de fermer sa croisée
aux heures où messire Aubry courait la quintaine,
et de mettre des rideaux à sa croisée close.

Le soir de ce jour, Jeannine avait quitté le manoir.

Dans cette humble boutique de la rue Miracle,
où dame Fanchon le Priol achevait sa vieillesse,
la vogue était venue avec Jeannine. Les chalands
abondaient depuis deux semaines. Nobles et bourgeois accouraient pour voir la brunette incompa-
rable.

La brunette ne songeait guère aux nobles ni aux bourgeois de la bonne ville de Dol. Elle s'était réfugiée tout au fond de ses souvenirs.

Ne plus vivre qu'au passé à seize ans! c'est trop jeune, n'est-ce pas?

Les grands bois qui entouraient le Roz lui gardaient leurs ombrages aimés. Souvent, tandis que son aiguille distraite piquait la fine toile d'un rabat, autour de sa lèvre pâlie vous eussiez vu comme le reflet d'un sourire.

— A quoi penses-tu, petite fille? demandait la le Priol.

— A rien, grand'mère.

Elle pensait aux paysages enchantés qui encadrent le cours de la Rance, aux verts coteaux de Châteauneuf, à ce ravin sombre où messire Aubry s'asseyait, au retour de la chasse, sous l'immense châtaignier dont le tronc se fendait.

C'était là que son cœur avait ressenti pour la première fois l'angoisse chère et inconnue; c'était là... Une larme furtive mouillait les longs cils noirs de sa paupière.

— Qu'as-tu, petite fille? demandait encore dame Fanchon le Priol.

— Rien, grand'mère.

Elle savait que sa pauvre jeune vie était brisée et perdue!

Et les gentilshommes lui lançaient de triom-

phantes œillades. Et les gros bourgeois lui déco-
chaient de ces atroces douceurs qui sont tradition-
nellement dans le domaine des gros bourgeois,
depuis que les gros bourgeois soufflent, suent,
toussent, rapinent, dévorent, digèrent et se ven-
trifient.

Jeannine ne prenait point garde aux œillades des
jeunes gentilshommes; elle n'entendait point les
fadeurs des gros bourgeois.

Et, quand la le Priol lui disait :

— Petite fille, je crois que tu pleures?...

Elle répondait effrontément, les yeux tout pleins
de larmes :

— Mais non, grand'mère, je ne pleure pas.

Elle refoulait alors ses pauvres beaux souvenirs
d'enfant. Elle se disait :

— Dieu est bon; je mourrai jeune!

Cependant, la cavalcade suivait le chemin tor-
tueux qui longe le rivage.

— Bette, prononçait gravement la tante Josèphe
en s'adressant à sa vieille suivante, madame Reine
de Kergariou est Maurever, fille de mon honoré
frère aîné M. Hue, et par conséquent ma nièce
propre et germaine. Puisqu'elle a pris les devants
et que nous la retrouverons à Pontorson, je vous
ordonne, Bette, de lui faire par trois fois la révérence de seconde dignité, la révérence de dignité
première étant réservée au suzerain : vous descen-

drez de cheval, Bette, et vous tâcherez de vous conduire de telle sorte qu'on dise : « Voilà une suivante qui sait son cérémonial... — Eh ! mais je crois bien, répondra-t-on : c'est la suivante de la noble dame Josèphe, douairière de la Croix-Mauduit. »

Bette s'inclina comme elle le devait.

— Approchez, maître Biberel, continua la douairière.

Le vieil écuyer s'approcha.

— Maître Biberel, dit la bonne dame, madame Reine de Kergariou est Maurever, fille de mon honoré frère aîné M. Hue, et par conséquent ma nièce propre et germaine. Il paraîtrait, maître Biberel, qu'elle a pris les devants et que nous la retrouverons à Pontorson. Je vous ordonne de lui présenter le triple honneur de dignité seconde, l'honneur ou hommage de dignité première étant réservé au suzerain. Vous lui tiendrez l'étrier, maître Biberel, et vous tâcherez de faire en telle sorte qu'on dise à l'entour : « Voilà un homme d'armes bien appris de tout point... — Eh ! mais je crois bien, répondra-t-on : comment pourrait-il en être autrement, puisque c'est l'écuyer de la noble douairière de la Croix-Mauduit ! »

Le vieil écuyer salua avec respect.

Dame Josèphe regarda son vieux faucon. Elle eut manifestement envie de recommencer pour lui une troisième fois sa harangue : mais elle trouva la force de résister à cette fantaisie. Le vieux faucon, revêche et triste, sommeillait sur le poing ridé de la bonne dame.

Les hommes d'armes de Maurever et ceux de Kergariou causaient de la fête prochaine et s'en racontaient d'avance les splendeurs annoncées.

Aubry parlait avec feu. Berthe, le rose au front, heureuse comme elle ne l'avait jamais été en sa vie, l'écoutait et l'admirait.

Ferragus et Dame-Loyse, les deux lévriers du Roz, gambadaient dans la poudre et se lançaient d'un bond par-dessus les grandes haies, à la poursuite l'un de l'autre.

Jeannin seul, le bel et bon soldat, ne parlait à personne, ne voyait et n'entendait rien. Les méditations où il s'enfonçait étaient si laborieuses, que la sueur découlait de son front.

— Si ma pauvre chère femme Simonnette était encore en vie, pensait-il tout en lâchant de gros et nombreux soupirs, elle me tirerait de là... mais Dieu me l'a prise... et moi, je ne sais pas... Non ! je ne sais pas, poursuivit-il en essuyant la sueur de son front; j'en deviendrai fou, c'est bien sûr ! Est-ce qu'un secret pareil n'est pas trop lourd pour la pauvre cervelle d'un homme d'armes !... Le roi de France veut enlever monseigneur le duc François... Je le sais ! c'est ce diable de nain qui me l'a dit, et il ne me ment jamais, à moi !...

Il s'interrompit brusquement.

— Et ne m'a-t-il pas dit aussi, s'écria-t-il en lui-même, que ma fille mourrait si je n'étais pas chevalier? Dieu bon! j'ai eu grande frayeur un instant : j'ai cru qu'il y avait quelque chose entre elle et messire Aubry... mais la voilà bien droite sur sa haquenée; elle n'écoute même pas ce que messire Aubry dit à sa belle cousine Berthe... Et comme il lui en conte aujourd'hui, à sa belle cousine!

Ceci plaisait à l'honnête Jeannin et le fit sourire.

Il haussa les épaules.

— Chevalier! grommela-t-il, à la bonne heure! l'ami Fier-à-Bras n'y va pas de main morte! Chevalier! moi, Jeannin, l'ancien coquetier des Quatre-Salines!

Il était parti de bien bas, le brave Jeannin. A l'âge de dix-huit ans, c'était encore un blond chérubin déguenillé, qui courait les pieds nus dans le sable, pêchant des coques et rêvant à Simonnette le Priol, qui était autant au-dessus de lui qu'une reine est au-dessus de son page. L'amour l'avait fait homme et courageux. La veille encore, il avait peur de son ombre; mais au siége de Tombelène il se battit si bien, que messire Aubry, le père de notre Aubry actuel, lui avait donné sa lance à porter.

Depuis lors, Jeannin était devenu gendarme. Mais chevalier, quelle moquerie!

Notez que, la veille du jour où il se battit si bel
et si bien au rocher de Tombelène, si on lui avait dit :
« Demain, tu porteras la lance de messire Aubry, »
il eût répondu de même : « Quelle moquerie ! »

Le défaut de Jeannin, c'était la modestie. Nous
parlons sérieusement. La modestie enchaîne l'audace. Et ne pas oser, quand on peut, est un crime.

Chevalier ! il ne daigna pas même arrêter longtemps sa pensée à ce rêve impossible. Les préoc-
cupations politiques ne tardèrent point à l'obséder
de nouveau. Il n'avait point, vraiment, la cervelle
qu'il faut pour raisonner diplomatie.

— Puis-je laisser monseigneur le duc en danger ?
se demandait-il ; et, si je l'avertis, du diable s'il ne
passe pas le Couesnon à la tête de ses compa-
gnies !... Je le connais... je le connais ! c'est la
guerre ! Et la pauvre Bretagne a si grand besoin de
paix !

Que résoudre ? Fallait-il parler ? fallait-il se
taire ? Ici un danger, là un autre. Les dernières
paroles du vieux Maurever revenaient à la mémoire
de Jeannin ; il entrevoyait l'agonie de la Bretagne.
Et sa détresse allait augmentant toujours, parce
qu'il ne découvrait point d'issue à ses perplexités.

Comme il songeait ainsi, travaillant à vide,
s'efforçant à tâtons, la cavalcade avançait. On avait
traversé tout le marais ; au loin on apercevait déjà
les tourbillons de poussière et de fumée qui mar-

quaient le lieu de la fête. Les hommes d'armes et
Javotte trépignaient d'impatience. Javotte surtout,
mi Jésus! car Marcou de Saint-Laurent, le démon
de page, devait être à la fête, et Javotte n'était pas
sans s'occuper un peu de lui, sans préjudice de
l'écuyer Huel.

L'escorte s'enfonçait dans le petit vallon d'Annoy.
Le chemin se creusait, les talus couronnés de
haies montaient. Au-devant des hommes d'armes
de Maurever, un vieillard se montra, cheminant
sur un âne.

— L'ermite du mont Dol! l'ermite! le saint
ermite!

Ces paroles coururent aussitôt dans la cavalcade,
qui s'arrêta d'elle-même. L'ermite du mont Dol
avait la vénération de tout le pays. C'était un saint,
d'abord; en outre, c'était un prophète.

Dame Josèphe de la Croix-Mauduit voulut mettre
pied à terre, afin d'exécuter une révérence de
dignité seconde, la révérence de dignité première
étant réservée au suzerain.

Berthe et Jeannine descendirent également de
cheval.

L'ermite donna sa bénédiction aux hommes
d'armes, inclinés sur le pommeau de la selle. Il
était arrivé aux dernières limites de l'âge, et la
majesté de la vieillesse brillait à son front cou-
ronné de cheveux blancs. Son visage, amaigri par

les austérités, disait énergiquement la force et la
pureté de son âme chrétienne.

Il salua la douairière et Berthe d'un léger signe
de tête.

Quant à Jeannine, ce fut assurément quelque
chose d'étrange.

Il la bénit. Il la regarda. Il lui dit :

— Dieu vous garde, ma noble dame !

— Oh ! oh ! pensa Javotte, le bonhomme n'y
voit plus !

Jeannine mit la main sur son cœur et faillit
tomber à la renverse, car elle avait rencontré, pour
la première fois depuis le départ, le regard ardent
d'Aubry de Kergariou.

Berthe se demandait :

— Noble dame ! Pourquoi noble dame ?

Jeannin avait dans l'esprit un monde d'idées
confuses.

Aubry baisa la main de l'ermite et vida son
escarcelle entière dans le sac de cuir qui pendait
au cou de l'âne. L'ermite passa. Les gens de la
cavalcade se disaient :

— Est-ce erreur ? est-ce prophétie ?

Berthe, avant de remonter à cheval, baisa Jeannine au front et lui dit :

— Que Dieu le veuille, ma mie !

Ce souhait venait du cœur, mais la voix de
Berthe tremblait.

III

— La fête. —

Liesse! liesse! liesse! Vin de France! cidre de
Bretagne! hypocras, épices, joies du ventre! fête
de l'estomac! Noël! Noël! ou, pour parler plus
vrai, car le cri de l'allégresse populaire, en Bretagne non bretonnante, est énergique, gras et heureux :

« Au lard! au lard! »

Nous sommes à l'assemblée de Pontorson, des
deux côtés de la rivière et sur le pont. Nous y

sommes avec des connaissances et des amis : des boisseaux d'amis, des charretées de connaissances.

Au lard! au lard! au lard! petite Jouanne, la gardeuse d'oies; au lard! Pélo, le bouvier; au lard! Mathelin, le pasteur de gorets; au lard! Goton, Mathurin sans dents et les autres!

Sauf quelques différences qui existent encore entre les coutumes et les mœurs des deux pays, l'assemblée de Pontorson ressemblait énormément à nos fêtes des Champs-Élysées, de Pantin, de Clamart, de Saint-Cloud, etc. Les mirlitons florissaient sous le nom de trompettes d'oignon, les crécelles déchiraient déjà les oreilles. On courait dans des sacs. On essayait d'écraser un œuf à l'aide d'une baguette, avec une grosse tête de païen sur les yeux.

On tirait à l'arc, à l'arbalète, à l'arquebuse.

Les mâts de cocagne étaient inventés.

Les jeunes filles essayaient de couper, à l'aveuglette, des fils avec leurs ciseaux.

Tout ce que nous pouvons accorder à la couleur locale, c'est que les pièces de dix sous s'appelaient des carolus ou autrement, et qu'il y avait des hommes d'armes au lieu de gendarmes.

Tout le reste était identique. La graisse rance des cuisines en plein vent offensait l'odorat comme chez nous; les chevaux de bois couraient la bague. Et pour compléter la parité, des baraques, pavoisées d'horribles tableaux, appelaient la foule à toutes sortes de spectacles-attrapes.

Eh quoi! notre âge orgueilleux penserait-il avoir inventé le lapin à douze pattes et le brochet qui chante? Débiles que nous sommes! sous Louis XI, la jeune fille sauvage dévorait déjà des lambeaux de veau cru; les chiens étaient savants, témoin la fameuse chèvre Djali.

Sous Louis XI, l'hercule du Nord, souvenance des invasions norvégiennes, prenait des poids de cent livres entre ses dents et se promenait avec un archer de cinq pieds huit pouces, armé de toutes pièces, au bout de chaque bras. Lapalud, le chroniqueur castrais, parle d'un équilibriste du xiie siècle qui portait douze melons superposés sur la pointe de son nez; douze beaux melons! Sibylle de Faenza marchait au plafond, tête en bas. Gervais Givet, qui fut depuis bouffon d'un duc de Souabe, dansait sur des bouteilles, ni plus ni moins que notre Auriol. Couleur locale, où es-tu?

Remarquez avec nous combien Goton, la doyenne des servantes du Roz, avait encore bonne mine et combien Mathurin sans dents, son époux, était brave et proprement couvert! Goton, il est vrai, gardait la trace d'un coup de poing sur l'œil, mais Mathurin avait une bosse au front, et il ne convient pas de s'immiscer trop avant dans le secret des ménages. Ils avaient fait ensemble une route de trois lieues. Quelques horions échangés allégent la fatigue et entretiennent la gaieté.

La fête avait lieu, comme nous l'avons dit, sur les deux rives du Couesnon et sur le pont. C'était sur le pont même, en pays neutre, qu'on avait installé le fameux jeu de la grenouille, si cher au page Marcou, et dont nous parlerons plus tard avec détail.

Mathurin s'arrêta et s'assit sur le parapet.

— Eh bien, fainéant, lui dit Goton, vas-tu rester là?

— Non, répondit Mathurin.

Comme il ne bougeait point, Goton le tira par la manche. Mathurin regarda l'eau couler. Mais il n'eut peut-être point de mauvaise pensée.

— Écoute, femme, reprit-il; le Couesnon a un côté droit et un côté gauche. Lequel aimes-tu le mieux, du côté gauche ou du côté droit?

— Le côté gauche, pardi! puisque c'est la Bretagne.

— C'est bon, dit Mathurin, qui sauta sur ses pieds; je te laisse ce que tu aimes le mieux, ma femme.

Il s'élança dans la foule qui encombrait le pont et passa sur la rive droite du Couesnon. Goton ne put que lui tirer la langue.

L'affluence était énorme. A chaque instant des

flots pressés débouchaient de toutes les routes qui
aboutissent à la ville de Pontorson. Goton n'eut
pas trop le temps de maugréer ; elle fut entraî-
née par un des mille courants qui traversaient la
cohue et se donna tout entière à la joie. La joie
débordait.

Sur dix personnes prises au hasard, il y en a
neuf et demie qui aiment passionnément la poussière, le bruit, la presse ; qui sont heureuses quand
on leur écrase les pieds et qu'on leur enfonce les
côtes, et qui respirent avec délices l'atmosphère
viciée des foires, des salons, des tavernes bien
bourrées, des salles de spectacle franchement mé-
phitiques.

La foule dégage une sorte d'ivresse , foule vêtue
de satin ou foule habillée de bure. Entre ces deux
genres de cohues, l'odeur varie sans cesser d'être
mauvaise. C'est l'ail ou l'ambre ; c'est la saucisse
brutalement insolente ou le sachet assassin. On aime
cela, puisque les parfumeurs vivent et que les
charcutiers font fortune. Ajoutez ces chaleurs
odieuses qui montent au cerveau et ces défaillan-
ces qui retournent violemment le cœur ! Voilà l'at-
trait ; c'est là ce qu'on adore, non pas seulement
sur les bords du Couesnon, mais partout.

Or, jamais cohue si plantureuse ne s'était mas-
sée autour de Pontorson. Aujourd'hui la fête,
demain les joutes données par le roi Louis XI à ses

nouveaux chevaliers de Saint-Michel. Rennes,
Dinan, Saint-Malo, Vitré, Fougères, Antrain,
pour la Bretagne; Avranches, Granville, Mortain,
Villedieu, Coutances, pour la Normandie, avaient
envoyé d'innombrables curieux. La bure dominait, mais il y avait de la soie : un peu d'ambre
parmi beaucoup d'ail.

Paysans, bourgeois, soudards, mendiants, vil-
lageoises, citadines, enfants au maillot, couples
amoureux, vieillards tremblotants, caniches dé-
paysés, bohémiennes, pèlerins, baladins, tire-laines,
badauds de tout âge, de tout sexe, de tout poil, se
mêlaient avec ce furieux désir de voir, d'aller, de
pousser, qui est l'assaisonnement de toute bonne
fête. On buvait, on mangeait, on riait, on criait,
on se battait, on s'embrassait. Quelques femmes
et quelques petits enfants étaient étouffés çà et là
ou écrasés. Eh bien, que voulez-vous! on ne peut
éviter cela. Faut-il renoncer à la navigation parce
que l'Océan a des naufrages? Plus tard, on dit avec
plaisir : « C'était beau ! il y eut du monde d'é-
touffé ! »

A parler vrai, une fête où personne n'est écrasé
passe pour médiocre et fade.

La rive normande était de beaucoup la plus
riche en baraques et en spectacles. On y voyait de
belles boutiques foraines toutes reluisantes de clin-
quant et de faïence mordorée. Un peu au-dessus du

pont, toujours sur la rive normande, il y avait un château, si voisin de la ville, qu'on lui laissait le nom d'hôtel.

C'était l'habitation des sires du Dayron, branche de Raguenel.

La terrasse du château, qui était vaste, dominait le pont et les deux rives. La dame du Dayron, jeune encore et magnifiquement dotée, avait ouvert les portes de sa demeure à tout ce qui portait un nom noble. La terrasse regorgeait de parures et d'armures.

Madame Reine, Berthe de Maurever et sa tante, messire Aubry, s'y trouvaient avec des dames et des chevaliers de France. De toutes les parties de la plaine, bien des regards se tournaient vers ce point lumineux où l'or et le fer renvoyaient en gerbes étincelantes les rayons du soleil.

Mais nous ne nous trompons point : voici, dans la prairie, un froc proprement drapé qui s'en va de ci de là, semant des boisseaux de paroles sur son passage.

C'est le digne frère Bruno la Bavette, qui est là par permission spéciale du prieur des moines, et qui ne perd pas son temps.

Il apprend à chacun la nouvelle, la grande nouvelle qu'il tient du compère Gillot, de Tours en Touraine : à savoir que Monsieur Charles de France, qui n'est pas encore né, va épouser

Madame Anne de Bretagne, laquelle naîtra peut-
être.

Chacun riait au nez du brave frère, mais il ne se
déconcertait point, et livrait gratis le secret d'État
à tout le monde. Il allait dans la foule, cherchant
le *petit* Jeannin, pour savoir le résultat de la visite
du compère Gillot et où en était l'importante négo-
ciation.

— Bonjour, Monique, disait-il à la volée ; j'ai
connu ta mère du temps qu'elle gardait les ânons...
Bonjour, Mariette, ma mie; ton père était un fier
coquin... Eh ! eh ! Matthieu Boudin, vieux loup,
trouves-tu toujours ce qui n'est pas perdu?...
Viens çà, Tiennet, mon homme, que je t'apprenne
la chose. Tu ne la diras pas? Monsieur Charles de
France, fils aîné du roi Louis onzième, va prendre
pour femme la jeune fille du duc François...

Bien jeune, en effet !

Jeannin, lui, allait à l'écart, poursuivant la
solitude impossible, et courbé sous le poids trop
lourd des pensées qui emplissaient son cerveau. Ce
qui lui revenait toujours, c'étaient les dernières
paroles de M. Hue à l'agonie. L'heure suprême
avait-elle sonné pour la Bretagne indépendante?

Jeannin était pâle. Son intelligence s'émoussait
contre le problème insoluble. Il ne voyait rien de
ce qui se passait autour de lui. Il était seul dans
cette immense bagarre plus agitée qu'une mer.

Ma foi, la petite Jouanne dansait là-bas, sur ses talons déchaussés, avec Yvon, le pâtour du presbytère. Elle dansait au son de la bombarde, qui nasillait une sorte de gigue à cadences soubresautées. Le biniou accompagnait la bombarde fraternellement, le cher biniou! bombarde et biniou : deux nez qui trompètent!

En dansant, la petite Jouanne grignotait quelque chose de bon, car Yvon le pâtour savait faire le galant, et n'eût pas laissé sa mie sans manger pendant toute une gigue. Elle avait, n'en déplaise à votre délicatesse, les doigts et les lèvres tout brillants de graisse. Ça embellit une fillette! Yvon lui avait acheté une couenne de lard, croquante et bien rissolée, chez la Tardivel, fricotière qui portait pour enseigne :

> *Ceux qui viennent, ceux qui s'en vont,*
> *Mangez du cochon d'Ardevon !*

A quoi la Kermoro, de la Rive, répondait sur son enseigne voisine et ennemie :

> *Mangez du cochon de la Rive,*
> *Qui qui s'en va qui qui arrive !*

Ce dernier distique contenait un hiatus, mais il se sauvait par un solécisme. Patience! avant la fin de la fête, la Tardivel et la Kermoro s'arracheront bien un peu de cheveux.

— Fouaces ! fouaces !... fouaces de Saint-Georges
en Grehaigne !

— Tourtes du vieux bourg de Miniac !

— Au cidre doux, pompette ! au cidre doux !

Les ivrognes qui battent la foule en zigzag, les
filles qui s'affaissent en un rire malade, les gars qui
jettent le grand cri de joie :

— Au lard ! au lard ! au lard !

Les chapeaux et les bonnets qui volent en l'air,
quelques coups d'arquebuse de loin en loin, et le
troubadour qui hurle en pleurant :

A sa dame toujours,
Le chevalier fidèle...

— Qui veut des grous (1) ?

— Qui veut des noces (2) ?

— Qui veut des cimeriaux (3) ?

— La galette toute chaude ! Les crêpes de basse
Bretagne ! au saindoux ! à la cire ! Pain d'épices !
Gâteaux à l'anis ! Cœurs de sucre d'orge ! Mouchoirs
de cou pour les filles, épingles à touffes de laine
rouges pour les gars, croix d'or, petits couteaux,
chapelets, ciseaux, bénitiers, amulettes...

Or, ce n'est pas le tout, il s'agit de *tirer la
grenouille*, et les bons garçons du Roz, Marcou en

---

(1) Bouillie de blé noir.-- (2) Bouillie d'avoine.—(5.) Bis-
cuits de froment non levé.

tête, ont défié les Normands au beau milieu du pont.
A *tout coup*, parmi les jeux chevaleresques, la
grenouille est assurément le plus beau. Demandez
à Jouanne. Les parapets sont combles. Le pont est
trop étroit. Allons, les farauds!

Du haut de la terrasse de l'hôtel du Dayron,
nobles dames et chevaliers contemplent le tournoi
rustique. Marcou a jeté son justaucorps de velours,
il a saisi le court bâton de cormier qui est l'arme
de cette joute populaire.

Allons! les Normands! Allons! les Bretons! Les
chevaliers se battront demain. Nous autres, aujourd'hui, tirons la grenouille.

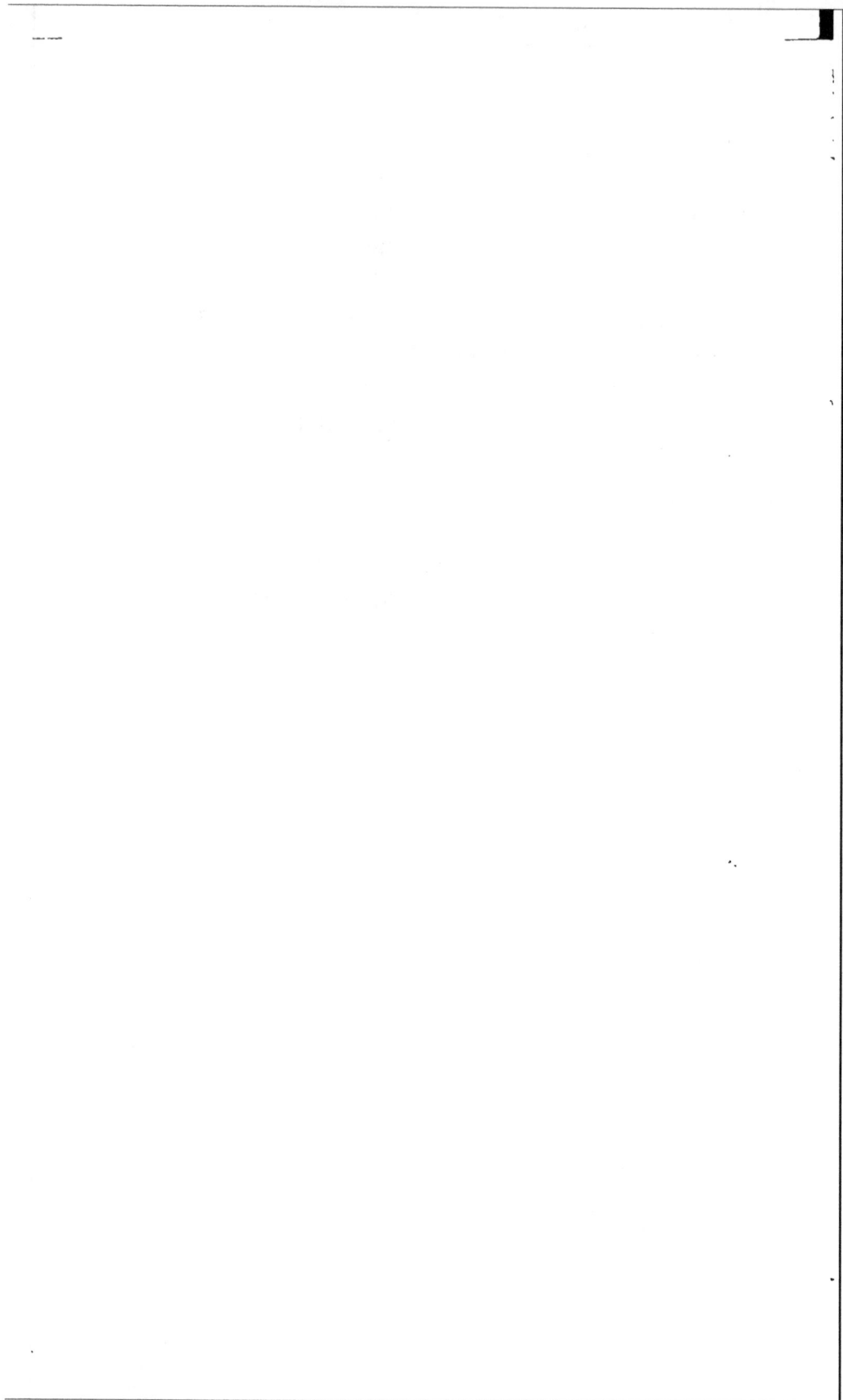

IV

— Où l'on commence à tirer la grenouille. —

Si vous voulez vous amuser à *tirer la grenouille*, entre amis et voisins, après votre repas, cela vous fera grand bien. C'est un exercice agréable et salutaire. Marcou va vous donner une leçon.

Il faut d'abord un bon bâton, court et franc, juste la place de quatre larges mains. Il faut ensuite des pichets de cidre à portée, car la *grenouille* est un jeu où il fait chaud. Il faut enfin une trentaine de gars en belle santé, amoureux, car ça vous donne hardiment du cœur, l'amour! et qui ne regardent pas à déchirer leur chemise ou leurs chausses.

Des filles alentour, bien entendu. A quoi bon tirer la grenouille si Anne-Marie et Louison ne sont pas là pour dire en rhythmes jumeaux, comme les bergères de l'idylle antique :

— Oh la la! oh! mais, mais dame! ça, c'est vrai; pour avoir une bonne poigne, Gabillou a une bonne poigne, je ne mens pas!

— A tout coup, faut pas mentir, quoique ça; oh! mais dame! oui, qu'il a une bonne poigne, Gabillou!

A quoi bon? Otez à Gabillou Louison et Anne-Marie, les muscles de Gabillou deviendront de beurre. A Roland le preux il faut Angélique.

Une fois que vous vous serez procuré un bâton, des pichets, trente gars et des filles, choisissez une belle place au soleil. Mettez quatre gars de ci, quatre gars de là, et dites-leur de se prendre la main deux par deux.

Y êtes-vous? Bien! Couchez Gabillou à plat ventre sur les bras tendus des quatre gars normands, Marcou sur les bras des quatre gars bretons.

Tête à tête, digue diguedou! les yeux dans les yeux!

Donnez le bâton. Au bout du bâton, la main gauche de Gabillou, puis la main droite de Marcou, puis la main droite de Gabillou, et à l'autre bout du bâton la main gauche de Marcou.

En tout, quatre épaules de mouton.

Maintenant, dites à Jean-Pierre d'empoigner la jambe gauche de Marcou; Petit-Louis va empoigner la jambe droite. Simon et Morissot rendront le même service aux deux jambes de Gabillou. Voilà qui est bien! Pour que cela aille mieux, attelez cinq gars au corps de Jean-Pierre, cinq gars au corps du Petit-Louis, cinq gars à Simon, cinq gars à Morissot.

Et hue! hue! hue donc! Tirez la grenouille! tirez! Aïe! aïe! hardi! Hue! Jean-Pierre! Hue! Morissot!

Si cela ne suffit pas, appelez les passants, prenez les garcailles et les bonnes gens, les filles, les métayères, tout le monde! Attelez du côté de Marcou; attelez du côté de Gabillou; attelez, on n'est jamais trop. Et hue! hue donc! Tirez la grenouille!

Quant à être sur un lit de roses, Gabillou et Marcou, non. Leurs muscles crient, leurs tempes battent. Ils sont un peu dans la position des gens qu'on écartèle.

Mais c'est le plaisir! Ils tiennent, les vrais amis! Un peu de bonne volonté! Attelez! attelez! Qui pour les Normands? qui pour les Bretons? Ils tiennent encore!

Et voyez si le mot ne va pas bien à la chose : Marcou et Gabillou, tirés, grandis, amincis comme la courroie qui va rompre, ne ressemblent-ils pas à deux pauvres grenouilles entre les mains d'enfants bourreaux?

Puisqu'on vous dit que c'est le plaisir! Ils tiennent toujours!

Gabillou pour la Normandie! Marcou pour la Bretagne!

Les voilà cinquante sur Gabillou et cinquante sur Marcou. On nourrit l'espoir légitime que l'un des deux au moins sera disloqué; peut-être tous les deux. Tirez la grenouille!

Un silence s'est fait, coupé par des clameurs brèves et pleines d'émotion.

Le pont regorge. A chaque instant de nouveaux tourmenteurs viennent augmenter le nombre des bourreaux de Marcou et des bourreaux de Gabillou. Marcou est bleu; Gabillou violet. Mais, les héros qu'ils sont, leur bouche ne s'ouvre que pour crier :

— D'autres! d'autres! Encore! encore!

Et d'autres viennent. la queue s'allonge. On parlera de cette joute sous le chaume bien longtemps, et le pâtre, dans cinquante ans, ne connaîtra pas d'autre grenouille!

Mais la lutte ne finira pas de sitôt. Gabillou et Marcou se connaissent. Laissons leurs efforts se lasser ; risquons une promenade au travers de la foule, et descendons sur la rive droite du Couesnon.

Une grande vieille toile trouée, tendue entre deux mâts, représentait la triste et mémorable aventure des onze mille vierges de Cologne. Un homme grave et fier expliquait les détails de cette importante composition.

« Ce qui prouve bien, disait-il, que les Bretons sont des Anglais manqués, c'est que leur premier roi, Merdoch (1) le Barbu, vint d'Angleterre sur des vaisseaux par Saint-Pol de Léon, port de mer. A bas les Bretons ! »

Souvenez-vous qu'on était sur la rive normande.

— A bas les Bretons ! répétait une portion de la foule.

— Pouille ! pouille ! criait le reste. Un Breton pour trois Normands !

« Voilà ledit roi Merdoch à la tête de sa clique, reprenait l'homme fier en drapant ses guenilles pailletées ; remarquez, si vous voulez, la barbe qui le fit surnommer le Barbu. Elle ressemble à une queue de vache... Ayant donc tué toutes les femmes du pays, jusqu'à la dernière, dont vous

(1) Conan Meriadech, fondateur de la monarchie bretonne.

voyez les tombeaux à droite, dans le lointain, ses soldats se trouvèrent sans épouses. Alors, le roi Merdoch fit publier qu'il donnerait un bœuf à qui apporterait une femme. Mais les bœufs du roi Merdoch étaient galeux comme tout ce qui vient en Bretagne. (Applaudissements.) Personne n'en voulut. (Pouille! pouille!) Le roi Merdoch fit publier qu'il payerait chaque femme dix écus d'or. Mais l'or de la Bretagne ne vaut pas le plomb des autres pays. Personne n'en voulut.

» Que fit le roi Merdoch? Regardez! le voilà sur le rivage qui envoie son cousin Morpech au roi des Anglais, qui se nommait Dionoth; le voilà, à gauche, ici près.

» Morpech alla audit Dionoth et lui raconta le cas du roi Merdoch. Les Anglais ont toujours des femmes à revendre, avec des cheveux rouges et des jambes maigres, comme il appert par ces portraits que vous voyez au bas de la toile. »

L'homme fier montrait, du bout de sa baguette, trois grues qui occupaient le devant du tableau et qui représentaient, au moins en échantillon, les onze mille vierges de Cologne.

« Les Anglais ayant toujours des femmes à revendre, reprit-il, Dionoth en choisit onze mille nobles et quatre-vingt mille de roture, ce qui faisait quatre-vingt-onze mille vierges rousses et maigres dont il était bien aise de se débarrasser.

» Elles sont toutes là ! ajouta l'homme fier en montrant sa baraque. On les mit sur six cents vaisseaux ; à leur tête était sainte Ursule, fille du même Dionoth. Mais une effroyable tempête, qui se trouve figurée là dans le coin, à droite, porta les six cents vaisseaux à l'embouchure du Rhin, fleuve allemand. Les personnes qui voudront voir l'horrible traitement infligé aux onze mille vierges nobles ainsi qu'aux quatre-vingt mille de roture par les sauvages Huns et Vandales, peuvent entrer ici près, elles seront contentes. Les Huns sont vivants, les quatre-vingt-onze mille vierges sont naturelles, et on les égorge devant tout le monde ! »

Une partie de la foule, séduite par cet éloquent discours, s'engouffra sous la toile. On lui montra des serpents de carton et un lapin qui jouait de la clarinette.

« Or çà ! criait de l'autre côté du pont un barde de Quimper-Corentin, vous savez bien que les Normands cagneux viennent tous de Rollon, qui avait une tête d'âne. Voyez plutôt sa ressemblance sur mon tableau ! Rollon mangeait des jambons de jouvenceaux et mettait du sang dans son vin, l'ivrogne ! Il avait une fille nommée Virago, qui était de mauvaises mœurs et vivait en honnête Normande. Levez la tête et regardez au nord ; vous voyez bien la mer ? Eh bien, là-bas, entre Carolles et Cancale, il y avait autrefois une grande et riche cité ; elle était défendue par des digues contre la colère de l'Océan (1). Les clefs de la digue ne quittaient jamais le chevet de Rollon Tête d'Ane, qui les mettait sous son oreiller. Voici ce qui advint, mes amis ; écoutez et vous en saurez aussi long que moi. Le chef des ennemis était un jeune duc qui avait donné dans l'œil à la Normande. Elle lui dit :

« — Viens dans la ville quand il sera nuit close.

» — Par où ? demanda le chef ; la ville est fermée de murailles plus hautes que des montagnes.»

» La Normande répondit :

» — Mon gentil seigneur, la digue a des portes, lesquelles communiquent à des canaux qui entrent dans la ville. Quand la mer sera basse, ouvrez les portes et n'oubliez point de les refermer.

» — Avec quoi ouvrirai-je les portes de la digue ? demanda encore le duc.

» — Avec les clefs que je vous irai quérir au chevet de mon père. »

» Les Normands trahissent comme les autres respirent : ils trahissent leur père, leur mère et Notre-Seigneur Dieu. A bas les Normands !...

— A bas les Normands ! répéta de tout cœur la foule bretonne.

« Voici là-bas, reprit le barde de Quimper en

_____

(1) C'est la légende de la ville d'Is, du roi Gallon et de sa fille Ahès.

montrant son tableau déchiré, voici le vieux Rollon Tête d'Ane qui dort après boire, et sa fille qui vient lui dérober les clefs de la digue. Vous voyez donc bien, mes amis, que ce que je vous dis est la vérité. Quand elle eut volé les clefs, la Normande alla trouver le duc ennemi. Elle les lui donna en échange d'un baiser ; car, les Normandes, on ne les embrasse pas pour son plaisir. Puis elle alla se faire belle, afin d'attendre son galant. Mais le galant ne vint pas. Le galant ouvrit seulement les portes à la mer. Ce fut la mer qui entra dans la ville, la grande mer qui couvre maintenant la cité d'Hélion, dont les matelots aperçoivent encore les clochers sous l'eau par le temps calme.

» Ceux qui voudront voir Rollon Tête d'Ane et sa fille se noyer en blasphémant comme des païens n'ont qu'à entrer. La mer est faite avec de la véritable eau salée, et tous les habitants de la ville, au nombre de quatre mille huit cents, sont submergés pour tout de bon ! »

On entrait au son du tambour et de la crécelle, pour voir un autre lapin qui jouait de la clarinette et d'autres serpents de carton.

Plus loin, un second poëte chantait les miracles de Merlin.

Plus loin encore, un joueur de harpe disait la mystérieuse et charmante histoire du lac de Landelorn, où la fée Mor-Gane livrait ses trésors à tout venant, depuis le premier jusqu'au dernier coup de midi.

Mais il faut bien que partout il y ait un succès qui dépasse tous les autres succès, une chose en vogue! La chose en vogue à l'assemblée de Pontorson, c'était l'Ogre des Iles, *l'Homme de Fer.*

Une baraque neuve avec un tableau tout brillant de rouge et de bleu, — tableau qui n'avait encore souffert ni du soleil ni de la pluie, — était consacrée à l'Ogre. On y voyait le comte Otto, nu jusqu'à la ceinture et pourvu d'une barbe gigantesque. Ce méchant homme tenait un enfant dans chaque main. L'artiste n'avait laissé qu'une jambe à l'enfant de la main droite. L'autre jambe était déjà dans l'estomac de l'Ogre.

Les dents du comte Otto étaient longues, longues et crochues. Il avait des griffes au bout des doigts. A travers sa poitrine ouverte, on voyait son cœur, où le diable était assis commodément.

Le comte Otto marchait sur un sol jonché d'or et de perles. Derrière lui, une troupe de nymphes exécutaient des danses antiques. A gauche, une cage de fer contenait les malheureux petits enfants qu'on engraissait pour les hideux repas du monstre.

Autour de ce tableau, une foule immense et impatiente se massait. Il y avait trois grandes heures qu'elle était là, cette foule, grossie incessamment par de nouvelles recrues. Ceux qui arrivaient essayaient d'approcher et poussaient; ceux qui tenaient la place contre-poussaient pour défendre leur position acquise. Chose étrange et qui ne contribuait pas peu à aiguillonner la curiosité générale : depuis le matin, ce radieux tableau étalait au soleil ses promesses et ses menaces sans qu'aucun orateur fût venu faire l'explication d'usage. La galerie, soutenue par des tréteaux où le pître vient d'ordinaire essayer les *bagatelles de la porte*, restait déserte. La baraque était close.

De toutes parts, les autres propriétaires de *curiosités* luttaient d'efforts ardents pour attirer la pratique. Ici, rien !

Et pourtant on savait à l'avance que le spectacle devait être superbe. L'acteur chargé du rôle de l'Ogre des Iles était un *Jersiàs* (1) de six pieds de haut. Le rôle de l'enfant mangé devait être rempli au contraire par le fameux nain Fier-à-Bras l'Araignoire, loué à raison de deux deniers rennais par représentation.

Pourquoi donc cette porte restait-elle fermée ? Les Bretons sont patients, c'est vrai, mais un jour de fête n'a que douze heures, et chacun dans la foule s'irritait du temps perdu. Les murmures naissaient, puis s'enflaient, puis se faisaient clameurs. Les Bretons sont patients, mais ils ont mauvaise tête.

(1) Jerseyen — Jerseyais.

On parla bientôt de mettre le tableau en pièces et
de démolir la cabane. Ce projet ayant tout d'abord
rencontré d'honorables sympathies, une douzaine
de gars montèrent sur les tréteaux et crièrent à
travers la toile :

— Rémy, bonhomme Rémy ! si tu n'ouvres pas,
la baraque va y passer !

Point de réponse. Rémy faisait le fier.

Les gars donnèrent du pied contre les poteaux
de la baraque. Quand les poteaux commencèrent à
branler, le bonhomme Rémy, vêtu de papier argenté,
sortit, la terreur sur le visage. A sa droite parut le
Jersiâs, grand homme louche, soûl et idiot, à sa
gauche le nain Fier-à-Bras.

— Pitié, mes jolis enfants ! s'écria le vieux Rémy;
vous ne savez pas tout le malheur que j'ai !

— Quel malheur as-tu, bonhomme Rémy?

— Las! las! mes jolis enfants, je suis ruiné
d'honneur et de finances !...

L'émotion lui coupa la parole. L'assemblée lui
fit hommage de plusieurs douzaines de trognons de
pommes pour marquer la part qu'elle prenait à sa
peine.

Fier-à-Bras, indigné, s'assit dans la main du
Jersiâs, et, du haut de cette tribune, il parla comme
suit :

— Manants, écoutez un gentilhomme !

Tonnerre d'applaudissements.

— Ce bêta que voilà (il parlait du Jersiâs) ne demande pas mieux que de me manger, et, moi, je veux bien que le bêta me mange... mais tout cru... je n'ai pas de vocation pour le métier de gentil-homme rôti.

— Que veut-il dire? se demandait-on dans la foule?

— Je veux dire, manants, répondit Fier-à-Bras l'Araignoire, que ce triple mécréant de comte Otto a des hommes d'armes qui ne plaisantent pas.

— Et que nous fait cela, sire Araignoire?

— Cela fait, manants, que, si nous représentons devant vous le mystère de l'*Ogre des Iles dans son palais ténébreux*, le comte Otto mettra le feu à notre théâtre.

Hein ! l'*Ogre des Iles dans son palais ténébreux!* pensez-vous qu'on ait trouvé, depuis, des titres de mélodrame beaucoup plus forts que celui-là? L'eau vint à la bouche de toute la cohue, qui cria d'une seule voix en trépignant dans la poussière :

— Nous voulons voir cela! nous voulons voir cela !

Le nain agita sa main avec dignité pour rétablir le silence. Puis il étendit ses doigts vers la rive normande. La foule, qui suivait chacun de ses gestes, tourna les yeux de ce côté. Tout le monde put voir, dans un nuage de poudre, le long des bords du Couesnon, une troupe de cavaliers dont les armes étincelaient au soleil. Ils marchaient sous une bannière rouge, pailletée d'argent.

Des murmures se croisèrent, des murmures d'étonnement et d'effroi :

— Le comte Otto !... l'Homme de Fer !... l'Ogre des Iles !

V

— Où l'on achève de tirer la grenouille. —

Notre pauvre histoire se débrouillera comme elle
pourra au milieu de cette foule. Si le lecteur trouve
qu'elle ne se débrouille pas beaucoup, nous lui
ferons observer avec calme que nos personnages
sont noyés dans la cohue, qu'ils se cherchent et ne
se trouvent pas; que les uns regardent les faiseurs
de tours, tandis que les autres, amis de la fricassée,
entourent la poêle frémissante, que d'autres tirent
la grenouille, que d'autres encore essayent de mar-

cher sur le mât horizontal et tremblant qu'on a
frotté de savon de bout en bout.

Le frère Bruno, soyez-en certains, raconte à
quelqu'un quelque bonne aventure. Jeannin, le
malheureux, se casse la tête à rêver politique. Un
si brave homme ! Dame Josèphe cause avec
madame Reine, qui surveille Jeannine, qui pense à
Aubry, qui essaye d'écouter Berthe, qui ne sait plus
ce qu'elle dit. Javotte regarde Marcou, lequel est
aux trois quarts écartelé. Bonne poigne ! Ferragus
et Dame-Loyse gambadent dans les grands jardins
du Dayron. La vieille suivante de la douairière, son
vieil écuyer et son vieux faucon dorment dans trois
coins.

Bref, chacun est à son affaire.

La vue de la bannière rouge pailletée d'argent
rabattit tout d'abord le caquet de la foule qui
entourait la baraque fermée du bonhomme Rémy.
La bannière était bien loin encore pour qu'il fût
possible de distinguer la devise et les armoiries,
mais personne n'était tenté d'émettre un doute.

C'étaient bien les gens des Iles.

Le bonhomme Rémy dut croire un instant qu'on
allait le laisser en repos et qu'il en serait quitte pour
la perte de sa recette ; mais la troupe d'hommes
d'armes, après avoir caracolé un instant dans la
plaine, tourna un coude de la rivière et disparut
dans la direction des grèves.

Tout aussitôt la foule de retrouver courage.

— Et que nous fait l'Homme de Fer ? demanda-t-on.

— Un mécréant va-t-il empêcher des chrétiens de se divertir?

— Oh! vrai Dieu! le païen ne nous fait pas peur!

— Allons, Rémy, bonhomme Rémy, ouvre ta cahute ou gare à toi!

Le bonhomme Rémy eut beau larmoyer, le Jersiais eut beau agiter sa massue en roulant des yeux épouvantables, Fier-à-Bras eut beau se retrancher dans sa dignité de gentilhomme, il fallut obéir.

La foule se rua sur la galerie et entra de force.

— Or çà, manants, dit le nain, nous défendrez-vous, au moins, si l'on nous attaque ?

Une belliqueuse clameur lui répondit affirmativement et la représentation commença. Ceux qui ne purent trouver place se replièrent du côté du pont et augmentèrent l'énorme masse d'amateurs entassée autour de la grenouille.

On tirait toujours : Gabillou pour les Normands, Marcou pour les Bretons.

Et c'était chose terrible à voir. Les deux attelages s'étaient allongés; ils débordaient du pont dans la plaine.

Marcou et Gabillou, le visage en feu, les veines gonflées, les yeux hors de la tête, n'essayaient plus

de cacher leur torture, mais ils ne lâchaient pas
prise.

Les deux premiers tenants de Marcou étaient
Pélo le bouvier et Mathelin le pasteur des gorets :
tous deux du Roz. Ils supportaient juste la moitié
de la traction qui pesait sur le pauvre corps du
page. Et cette traction, ainsi dédoublée, leur arra-
chait à chaque instant des cris de douleur.

Marcou, lui, ne criait pas. Il est vrai que Javotte criait, mi Jésus ! pour lui, pour Gabillou et
pour toute l'assistance. Mais aussi l'enthousiasme
était au comble parmi les amateurs. De mémoire
d'homme, on n'avait jamais vu une grenouille si
belle !

Les ménagères parlaient déjà de Josille Bénou,
du bourg de la Rive, qui avait été frappé de mort
subite en défendant la grenouille à cette même place,
et de Julien Reynier, qui avait laissé ses deux bras
après la barre; de telle sorte, disaient les ménagères, qu'il rapporta un tronc sanglant à sa pauvre
femme, qui l'attendait au logis.

— Et faites donc les blés noirs sans bras, ma
Jeannette !

— Et vannez donc les orges, la Suzon !

— Ah ! les hommes ! dire qu'ils sont tous les
mêmes.

— Tous les mêmes ! jamais ils ne pensent aux
pauvres femmes !

Julien Reynier avait perdu ses deux bras; les
ménagères plaignaient les pauvres femmes.

— Oh! mais, cria la petite Jouanne, voilà Gabillou
qui tire la langue, pas moins! la vilaine langue
qu'il a, et qu'il la tire longue, mon Dieu donc!

— Hardi, Gabillou! clamèrent les Normands
une fois encore.

C'était la fin. Gabillou et Marcou étaient littéra-
lement prêts à rendre l'âme. Les deux attelages
firent un suprême effort; le sang partit sous les
poignets crispés de Gabillou.

— Tu n'es qu'un failli merle! dit Marcou d'une
voix haletante; ton sang ne tient pas dans ta peau!

— Tirez, halez! tirez, halez! Aïe donc! hue!

La tête de Gabillou tomba sur ses bras tendus.
Le blanc de ses yeux était pourpre.

En ce moment, Berthe de Maurever, madame
Reine et Jeannine se montrèrent sur la terrasse du
Dayron.

— Bretagne! Bretagne! cria Marcou épuisé.

— Tiens! tiens! dit un manant dans la foule,
voilà la Maurever que l'Homme de Fer a juré
qu'elle serait sa maîtresse.

La tête de Marcou se releva. Il chercha des yeux
le parleur.

— Après? répliqua un Normand; c'est une Bretonne... l'Homme de Fer en a pris de plus nobles
et de plus belles!

— Tu en as menti, toi ! râla Marcou furieux.

Par une secousse désespérée, il arracha la barre des mains de Gabillou. Les deux camps rivaux, comme cela arrive invariablement, saisis à l'improviste par le contre-coup, tombèrent pêle-mêle dans la poussière.

Marcou seul se dressa sur ses pieds. Un démon ! Il brandit la lourde barre, qui s'échappa de sa main en sifflant et alla fracasser le crâne du Normand qui avait dit : *L'Homme de Fer en a pris de plus nobles et de plus belles.*

Partie nulle ! grenouille manquée ! il faut tenir la barre à la main jusqu'à ce que les deux camps se soient relevés. C'est la règle. La raison ? Les règles se moquent toutes de la raison. Elles n'ont pas tort. On emporta le Normand à la tête cassée ; on emporta Gabillou, qui était sans connaissance. Marcou alla boire : et l'on recommença une nouvelle grenouille. Aïe donc ! hue !

La plaine, cependant, des deux côtés du Coucsnon, s'emplissait de cavaliers. C'était l'heure de la fête noble. Français et Bretons venaient étaler leurs belles armures aux rayons du soleil couchant. Autre lutte.

Entre voisins, on ne fait que cela.

Parmi les cavalcades qui manœuvraient à droite et à gauche de la rivière, trois surtout étaient fort remarquables. Deux sur la rive droite : en

Normandie; une sur la rive gauche : en Bretagne.

La première se composait de chevaliers français. Par tous pays, elle eût été illustre et brillante. Les noms y resplendissaient bien plus encore que les armures.

C'étaient, du reste, presque tous les nouveaux titulaires de l'ordre de Saint-Michel : le duc de Guyenne, le duc de Bourbon, le connétable de France, comte de Saint-Pol ; Sancerre, Beaumont, Châtillon, Estouteville, Lohéac et Chabannes ; le bâtard de Bourbon, amiral de France ; Dammartin, Comminges, Crussol, Bouillon, la Trémoille, et d'autres.

La seconde cavalcade était formée, disait-on, des hommes d'armes des îles Chaussey. C'était elle qui portait cette bannière écarlate pailletée d'argent dont la seule vue avait effrayé les pratiques du bonhomme Rémy, la bannière du comte Otto Béringhem.

La troisième le disputait assurément à la première, car les chevaliers de Bretagne valaient bien les chevaliers de France.

Noble et fière contrée qui n'a plus de nom que dans l'histoire ! terre royale et ducale qui fut conquise par les tabellions et les recors, parce que la lance s'était brisée, parce que l'épée s'était tordue en touchant sa cuirasse de fer ! pays des saints,

des poëtes, des soldats ! patrie du dévouement
héroïque et de la sacrée fidélité ! Ils étaient là,
autour de l'écusson d'hermine, Clisson, Rohan,
Dreux, Goulaine, Plœuc, Coëtlogon, Chateau-
briand, Tanneguy du Chastel, Rieux, Porhoët
et Dunois, vieillard qui avait trouvé un asile à la
cour de François II. Ils étaient là, Montauban,
Coëtivy, Guébriant, Saint-Luc, Penthièvre et Beau-
manoir; Avaugour et Vertus, les fils des ducs;
Blois et Laval, les cousins du roi; Montbourcher,
Malestroit, Matignon, Léon, Rochefort.

Les deux troupes n'étaient guère séparées que
par le canal large et plat qui pourrait contenir
un grand fleuve, mais où le Couesnon a grand'-
peine à couvrir les cailloux de son lit. Elles semblaient s'observer et se défier.

Jeannin, toujours seul, appuyé contre le parapet
du pont, les suivait de l'œil, enfoncé qu'il restait
dans sa méditation laborieuse. Il regardait tantôt les
chevaliers des fleurs de lis, tantôt les chevaliers
de l'hermine, et une pensée voulait se faire jour
dans son esprit.

Comme elle allait naître, enfin, cette pensée,
une rude main s'appesantit sur son épaule, et la
voix du frère Bruno, qui n'avait pas parlé depuis
une grande minute, s'éleva toute joyeuse.

— A la bonne heure! disait l'excellent frère, je
te trouve à la fin des fins, petit Jeannin, mon ami!

Ce n'est pas malheureux! Je croyais que j'allais faire le pied de grue aussi longtemps que l'écuyer Robin de la Ville-Gille, lequel chercha sa fiancée au rendez-vous trois heures durant, et finit par trouver l'archer Bellehou dans les broussailles... en trente-neuf ou trente-huit plutôt .. mais c'était sûrement avant l'an quarante... Eh bien, s'interrompit le frère en voyant Jeannin tressaillir comme un homme qu'on éveille, te voilà tout ébaubi, mon fils! Tu regardes l'eau couler, ma parole!... Et je me souviens qu'ici, à la même place, je rencontrai un soir Baudrain de Pacé, auprès de Rennes, qui regardait aussi l'eau couler. Je lui dis : « Baudrain, mon ami... »

— Combien de temps le roi doit-il rester encore au mont Saint-Michel? demanda Jeannin brusquement.

— Ah! ah! fit Bruno, te voilà qui m'interromps comme tout le monde, petit Jeannin! J'ai vu le temps où l'on appelait cela une impolitesse... Le roi? Eh! tu as donc des affaires avec le roi, toi?... Tiens! regarde, si tu as de bons yeux... Et je crois que tu as de bons yeux, oui!... Le voilà qui chevauche au milieu de ses barons, là-bas!

— J'avais bien cru le reconnaître, pensa tout haut Jeannin.

— Quant à savoir le temps qu'il restera chez nous, ma foi. non. Mais je parie que je vais t'apprendre une nouvelle. C'est toujours moi qui sais le premier les nouvelles. Parmi ces autres chevaliers qui sont là sur la terre bretonne, vois-tu un casque sans panache, à visière baissée?...

— Oui.

— C'est le duc François.

Jeannin tressaillit une seconde fois, et ce mouvement répondait aux pensées qui l'absorbaient naguère. Il se fit de la main un abat-jour et regarda attentivement.

— De par Dieu! s'écria-t-il, je crois que vous avez raison! C'est le duc! Il ne devait venir qu'après-demain en sa ville de Dol!

Il baissa la voix et ajouta en se parlant à lui-même :

— Ce hasard qui avance son voyage est-il un avertissement du ciel?

— De quoi? fit Bruno; si tu parles entre tes dents, petit Jeannin, je ne t'entendrai pas, car je commence à durcir des oreilles... la gauche surtout, pour un coup de masse d'armes que j'y reçus en l'an quarante au siége de Cesson-sur-Vilaine.

— Le duc ici, pensait Jeannin; le roi là : un filet d'eau entre deux!

— Mais, Dieu merci! reprit Bruno, ce n'est pas pour bavarder à l'aventure que je te cherchais, petit Jeannin. Dis-moi bien vite ce qui est advenu de ton entretien avec mon compère Gillot, un

brave homme! et qui a du crédit, car il lui a suffi
d'un mot pour me faire donner la place de frère-
portier, que je désirais, à cause de mes jambes qui
ne veulent plus monter.

— Ah! dit Jeannin, qui le regarda en face,
vous êtes portier du monastère, à présent, mon
frère?

— Depuis huit jours... Et figure-toi que, pendant tout ce temps-là, je n'ai pas pu mettre la
main sur mon compère Gillot, de Tours en Touraine, pour le remercier de ses bons offices.

— Connaissez-vous le roi? demanda Jeannin.

Bruno baissa l'oreille. Il lui en coûtait gros
d'avouer qu'il ne connaissait pas le roi de France.

— Écoute, petit Jeannin, dit-il; je connais tout
le monde, on sait bien cela... Mais le roi... c'est
comme un guignon!... je ne l'ai jamais aperçu.

Il se rapprocha et prit l'homme d'armes par le
bras.

— Voyons! voyons! continua-t-il; va-t-on faire
des mystères avec le vieux Bruno? Le mariage
avance-t-il?

— Quel mariage?

— Bon! bon! c'est une affaire d'État, je le sais
bien, puisque c'est moi qui l'ai envoyé le compère
Gillot. Je suis au fait : tu peux tout me dire.

— Mais je veux mourir!... commença Jeannin.

— Nous mourrons tous, mon ami; ne blasphème pas! Je parle du mariage du dauphin Charles avec madame Anne de Bretagne.

Jeannin tombait de son haut. Il n'avait jamais entendu parler de ce prince ni de cette princesse.

— A l'occasion de quoi, acheva Bruno, tu seras fait chevalier, mon fillot! C'est moi qui t'aurai valu cela... Et tu t'en souviendras, car tu es un digne cœur!

— Mon frère Bruno, dit Jeannin, je crois que ce Gillot, de Tours en Touraine, s'est cruellement moqué de vous.

— Hein! moqué de moi? Est-ce qu'on ne marie pas le dauphin Charles avec madame Anne, fille du duc François?

— On verra cela dans vingt ans, si madame la reine accouche d'un garçon et la duchesse de Bretagne d'une fille, cette présente année, mon frère.

— *Miserere!* petit Jeannin, s'écria Bruno, si je pouvais penser que ce vilain râpé de Pierre Gillot...

— Chut! fit l'homme d'armes; c'est moi qui vous vengerai, mon frère. Le Pierre Gillot est un personnage... Dites-moi, êtes-vous toujours bon compagnon avec Guy Legriel, premier sergent des archers de Saint-Michel?

— Les deux doigts de la main!

— Eh bien, mon frère Bruno, dit Jeannin, qui jeta un regard vers la terrasse de l'hôtel du Dayron, je suis forcé de retourner présentement vers madame

Reine, qui m'attend peut-être. Revenez ici à dix heures de nuit, nous causerons.

— Tu ne peux pas m'entendre tout de suite ?...

— Ce soir ! ce soir !

Jeannin salua du geste et se dirigea vers le portail du Dayron.

Son front s'éclaircit. Une idée qu'il jugeait merveilleuse avait surgi dans son cerveau.

Bruno se disait :

— Le fait est que le dauphin Charles et madame Anne de Bretagne sont encore bien jeunes ;... mais en l'an vingt-huit, à Martigné-Fer-Chaud, Joël Douarin et Charlot de la Coustre, qui étaient compagnons, se jurèrent le jour de leurs noces de marier leurs enfants..., et j'ai vu ces épousailles-là au mois d'août de l'an quarante-six : le fils de Joël, la fille de Charlot ; un joli couple. Attendons : quand on vit, on voit...

A l'hôtel du Dayron, la terrasse regorgeait de nobles dames et de seigneurs. On s'y occupait beaucoup aussi des trois cavalcades. Berthe de Maurever et Jeannine s'étaient rapprochées. Elles suivaient de l'œil avec une curiosité inquiète la troupe des gens de Chaussey, qui remontait en ce moment le cours du Couesnon et s'avançait vers la terrasse.

En un certain moment, le vent déroula les plis de la bannière écarlate, pailletée d'argent. Le soleil couchant faisait briller les lettres de la devise.

On put lire ces quatre mots, qui semblaient écrits en caractères de feu :

A LA PLUS BELLE !

Berthe et Jeannine échangèrent un rapide regard.

Ce regard fut intercepté par un beau jeune homme au visage pâle et fier, qui s'accoudait au balcon de la terrasse et qui fixait depuis longtemps sur les deux jeunes filles ses yeux noirs, ardents et hardis.

Il eut un étrange sourire.

VI

— Messire Olivier. —

Le beau jeune homme appuyé contre la galerie de la terrasse avait nom le baron d'Harmoy.

Il faut que le lecteur nous pardonne de lui présenter si tard un si important personnage. Notre récit, jusqu'à présent, manque, à proprement parler, de héros ; car messire Aubry, Jeannin et Fier-à-Bras l'Araignoire ne sont pas des héros de roman. Peut-être ce brun et pâle Olivier, à défaut d'autre, nous servira-t-il de héros.

Il paraissait avoir vingt-cinq ans tout au plus.

bien qu'en l'examinant de près on découvrit sur son visage quelques plis précoces et des traces de fatigue. Il était grand et portait avec une merveilleuse grâce sa riche livrée de chevalier.

Le dessein de la figure offrait tout l'opposé du type breton. Les pommettes s'efforçaient pour laisser l'angle frontal saillir hardiment, selon le modelé germanique; le nez était droit et fin; le menton se relevait en bosse, donnant à cette physionomie un peu molle une force soudaine et une expression de volonté résolue. Sa bouche et ses yeux se chargeaient d'adoucir ce que le bas de son visage pouvait avoir de trop rude; sa bouche souriait comme la plus jolie bouche de femme. Ses yeux noirs, au regard ardent et profond, rêvaient, et donnaient, hélas! à rêver.

Il portait la barbe découpée à la manière des gens de l'Est, et ses cheveux, d'un noir de jais, tombaient en boucles sur son front. C'était déjà faire preuve d'esprit que d'éviter ces deux lourdes, roides et sottes masses de cheveux roux que les peintres collent à la joue de tous les malheureux qui vivaient en ce temps-là : les peintres de la couleur locale.

Messire Olivier avait, en conscience, bien d'autres mérites! Il tenait la lance par délices; il était à cheval comme un dieu. Pour tout dire en un mot, les charmantes et nobles dames qui abon-

laient à l'hôtel du Dayron n'avaient de regards
que pour messire Olivier, baron d'Harmoy.

Or, les dames ne se trompent point. Celui
qu'elles daignent remarquer est assurément re-
marquable. Il faut avoir cela pour dit.

D'où venait-il, cependant, le beau chevalier? On
ne savait trop. Le xve siècle n'était pas, à beaucoup près, aussi curieux que les siècles suivants.
A une bonne épée on ne demandait guère : D'où
sors-tu? Il n'y avait point d'intendants royaux
pour éplucher les quartiers de noblesse, et d'Ho-
zier était à naître.

Il est possible, d'ailleurs, que le baron d'Harmoy
n'eût pas admis volontiers le droit d'indiscrétion.
Il était gentilhomme; il se mêlait à la cour du roi
de France. Le motif de son séjour à Avranches,
où il demeurait, était sans nul doute sa dévotion
à l'archange saint Michel.

Nous disons qu'il demeurait à Avranches. Il y
avait, en effet, sous le château un magnifique hôtel
loué par lui et très-richement équipé. Mais les
fenêtres en étaient ordinairement closes. Le baron
d'Harmoy allait, venait. Personne n'aurait su dire
au juste ce qu'il faisait, en définitive.

Nous n'affirmerions pas que ce grain de mystère
ne fût pour un peu dans la vogue dont il jouis-
sait.

Quoi qu'il en soit, cette vogue était complète.

Tous les hommes étaient à sa suite; toutes les femmes guettaient son sourire.

Madame Reine se disait, à le voir si parfait cavalier:

— Ah! si mon fils Aubry savait ainsi se porter gracieusement et plaire aux dames!

C'était pure jalousie maternelle et aussi trop de modestie, car messire Aubry ne déplaisait point aux dames.

Vers cinq heures après-midi, les mille jeux qui animaient la plaine, au-dessous de la terrasse du Dayron, firent trêve. En revanche, les cuisines foraines poussèrent leurs fourneaux avec violence. Des flots de vapeur noire et grasse s'élevèrent de toutes parts. C'était l'instant de la réfection. Les belles dames rassemblées sur la terrasse, n'ayant point de flacons de sels pour combattre l'effrayante odeur de marmite qui se répandit dans les airs, furent obligées de lâcher pied et de se réfugier à l'intérieur des appartements.

On fit cercle. La collation fut servie.

Le baron d'Harmoy était resté seul sur la terrasse. Il songeait. Ses yeux demi-fermés noyaient leurs regards à l'horizon. Des paroles confuses venaient mourir sur ses lèvres.

— Toutes deux, murmurait-il; toutes deux!...

Il disait encore:

— Berthe est plus belle; Jeannine est plus jolie; laquelle est la plus charmante?

Autour de la collation, l'entretien allait au hasard et revenait toujours à ces mystères impénétrables des îles Chausey. La troupe de l'Homme de Fer, avec sa bannière étincelante et sa devise si heureusement trouvée selon les règles de la galanterie chevaleresque, occupait tous les esprits. Chacun disait ce qu'il savait sur l'Ogre des Iles. Les légendes les plus contradictoires se croisaient.

Le jour baissait. Le crépuscule qui tombait produisait son effet ordinaire et mettait dans les poitrines une émotion vague. A mesure que l'obscurité augmentait, le cercle se serrait ; les voix devenaient plus sourdes. On frissonnait déjà, ce qui est bien aussi un plaisir.

— Il y a quelqu'un ici, dit le seigneur du Dayron à demi voix, quelqu'un qui en sait plus long que personne sur la retraite du comte Otto Béringhem.

— Qui donc ? qui donc ?

Berthe et Jeannine, toutes seules parmi les dames, ne formulèrent point cette question. Elles savaient de qui parlait le sire du Dayron.

Comment et pourquoi le savaient-elles ?

Le sire du Dayron promena son regard autour de la chambre. Au lieu de répondre, il dit :

— Où donc est messire Olivier ?

Les dames n'avaient pas attendu cela pour s'apercevoir de son absence. On chercha des yeux, mais en vain.

— Est-ce que messire Olivier connaît le comte Otto? demandèrent plusieurs voix de femmes.

— On le dit, répliqua du Dayron.

— On dit vrai, prononça une voix grave et douce qui fit sauter sur leurs siéges Berthe de Maurever et Jeannine.

Le baron d'Harmoy était entre elles deux. Chacun le regardait désormais avec une sorte d'effroi, et le silence régnait dans la salle.

— On dit vrai, prononça une seconde fois messire Olivier, qui parlait bas et avec lenteur; je connais le comte Otto Béringhem.

Dame Josèphe de la Croix-Mauduit se signa.

— Est-il possible! murmurait-on à la ronde.

— Vous plaît-il, mesdames, de savoir comment je l'ai connu? demanda le baron d'Harmoy.

— Certes, certes!

Le cercle entier frémissait de curiosité.

— Je vais donc vous le dire. C'était une nuit du printemps dernier; je chevauchais tout seul dans les grèves, courbé sous cette tristesse des gens qui ont été trop jusqu'au fond de la vie, et qui n'espèrent plus, parce qu'ils sont las de désirer. J'entendis la mer au lointain; elle venait; mon cheval souffla et voulut fuir : je lui brisai les dents sous le mors. Il resta. J'attendis la mer. La mer vint, grande et sombre, comme je l'attendais. Il me semblait que mon cœur retrouvait l'allégresse perdue. Je me sentais vivre, si près de la mort.

» Mon cheval se mit à la nage.

» Moi, je contemplais l'Océan sourd, uni comme une glace, sans vagues, sans écume, et je pensais à tous les trépassés qui dorment sous cet immense linceul.

» On ne meurt qu'une fois, dit-on. Moi, j'ai vingt-cinq ans, et je sais déjà comment on meurt par l'eau, par le fer et par le feu.

» J'ai été poignardé ; j'ai été incendié ; j'ai été noyé. »

Il fit un silence et l'on entendit le bruit des respirations pressées.

A droite et à gauche, Jeannine et Berthe s'étaient éloignées de lui.

Sans savoir pourquoi, Aubry se sentait pris d'affection pour cet homme étrange. Il se disait : « Je serai son ami. »

Madame Reine admirait. Chose bizarre que cette admiration arrachée aux gens trop sages par la folie! Elle avait un peu de frayeur, la bonne dame ; mais, moins elle comprenait les excentricités de ce mysticisme, plus elle était subjuguée.

Ce sont les châtelaines bourgeoises et les femmes de ménage qui font le succès des rêveurs les plus dévergondés.

Dans tout le reste de la salle, l'attention était

vivement excitée. Parmi cette lumière sombre et vague que rendaient encore les grandes croisées ouvertes, la tête de messire Olivier apparaissait pâle et plus belle.

— Mais ce n'est pas de moi que je veux vous parler, reprit-il. La nuit était calme. Les nuages qui couvraient la lune tamisaient ses rayons et rendaient l'obscurité visible. Mon cheval s'épuisait. Nous étions au nord du mont Tombelène, à mille pas du rivage.

» Tout à coup, et je crois rêver encore quand j'y songe, une musique suave monta dans le silence nocturne. Des voix de femmes, fraîches et douces, se mariaient aux accords voilés des luths. Moi qui étais là pour mourir, je me demandai si ma dernière heure avait passé inaperçue et si j'avais franchi, sans le savoir, le seuil du monde inconnu. Les nuages glissaient au ciel, variant leurs bordures argentées.

» La lune se montra dans un petit lac d'azur, et je vis, à cent pas de moi, une barque pavoisée qui voguait, voluptueuse comme un cygne, sur l'eau tranquille. Mon cheval, qui n'avait plus de force, rendit de la fumée par les naseaux; il se débattit; la mer passa sur sa tête, puis sur la mienne...

» Je m'éveillai dans cette barque pavoisée dernier objet qui avait frappé mes regards. C'était la galère de plaisir du comte Otto Béringhem.

eigneur des Iles. On avait allumé des flambeaux.
Tout autour de moi, c'étaient de jeunes et char-
nants sourires... »

Il passa la main sur son front, où ses cheveux
noirs ruisselaient. Sa voix vibra comme un chant
quand il poursuivit :

— Parmi les chênes énormes, derniers débris
de la forêt druidique anéantie par l'Océan, un
palais s'élève, blanc comme la neige. L'œil se fatigue à compter les innombrables colonnes qui
soutiennent les arcades de ses portiques, et, quand
le soleil de midi, perçant le feuillage jaloux, vient
jouer dans cette autre forêt de marbre, on croit
aux enchantements des poëtes.

» Il est aux alentours des réduits ombreux où
l'eau cristalline coule sous la voûte impénétrable
des buis ; des grottes solitaires, montrant à
leurs parois de mystérieuses étincelles ; de riants
bosquets enguirlandés de roses et tapissés de ces
petites fleurs célestes qui exhalent l'amour au lieu
de parfums...

» Vous savez, ce géant de granit, ce roc noir,
triste, austère, dont le front apparaît aux matelots
qui passent au nord de Chausey ? J'ai vu la base
de ce roc, perdue dans les lauriers fleuris, enfouie
sous les grappes d'or des cytises ; je l'ai vue, la
base de ce roc, qui ment aux passants avec sa tête
sévère, comme ces vieillards hypocrites dont les

cheveux blancs volent les respects de tous. J'ai vu
la base de ce roc. La mousse y est épaisse, le jour
timide, l'air embaumé. Ses flancs s'ouvrent à la
cascade qui va chantant sur l'albâtre des cailloux,
parmi les orties blanches et les iris azurés. Le
vent y souffle tour à tour tiède et frais, toujours
parfumé comme l'haleine d'Enta...

» Enta, la beauté divine ! s'interrompit le
baron Olivier en regardant tour à tour Jeannine
et Berthe; Enta, brune après le crépuscule du
soir, blonde au jour, dès que le soleil vient baiser
ses cheveux; Enta, la molle déesse des heureuses
amours! Quand la lumière se voile, quand souffle
la brise tiède des nuits d'été, la base du roc est un
autel. Alma, la brune fille de Florence; Virgen, la
topaze de Castille; Meïda la Mauresque; Marie,
le doux ange aux yeux bleus, et d'autres, cent
autres, tout ce que le Nord et le Midi, l'Orient et
l'Occident ont produit de plus merveilleusement
beau : Fausta, le sang des doges; Hermine, qui a
pour père un prince; la blonde Fleur de Lis;
Haydé, dont le front est de bronze; toutes, toutes,
elles viennent célébrer dans le temple mystique
l'éternité, fête de la déesse Enta... »

Messire Olivier reprit haleine. Dans la nuit qui
était tout à fait venue, certains croyaient voir
briller étrangement la prunelle de ses yeux. On se
rapprochait. Les mères eussent voulu que ce récit

n'eût point été commencé. Beaucoup écoutaient, croyant ouïr un conte de fée.

— Voire! dit cependant dame Josèphe de la Croix-Mauduit; ce n'est donc pas un chrétien, que ce comte Otto?...

— Non, répondit le baron sans hésiter, ce n'est pas un chrétien.

— Alors, reprit la vieille douairière, pourquoi l'épée des chevaliers reste-t-elle au fourreau?

— Parce que les chevaliers ont peur, répondit encore messire Olivier.

Il y eut un long murmure dans les ténèbres. Et pourtant pas une voix ne s'éleva pour crier à messire Olivier qu'il en avait menti. On savait bien que l'Homme de Fer était protégé par Satan.

— Et..., demanda la douairière de la Croix-Mauduit en hésitant un peu, est-il beau cavalier, ce païen-là?

— Les cent prêtresses, répliqua le baron d'Harmoy, les perles merveilleuses qui composent le vivant collier de la déesse Enta, disent que jamais homme ne leva si haut son front mortel. Quant à moi, je n'ai jamais aperçu son visage. Pour le voir, il faut être femme et être belle. Son casque brillant ne tombe que devant la prière d'une dame. D'ici à peu de jours, qui sait si quelque noble demoiselle du pays breton ou normand ne pourra pas faire mieux que moi le portrait du comte Otto Béringhem en revenant des îles.

Cette fois, une voix s'éleva pour protester, une douce voix qui ne tremblait pas.

— Les nobles demoiselles du pays breton, dit Berthe avec tant de calme, que messire Olivier se mordit la lèvre de dépit, ne reviennent pas de si loin que cela. Elles savent mourir en route, messire.

Madame Reine se leva et alla embrasser Berthe. Aubry ne bougea pas, pour deux raisons : d'abord, ce n'était pas Jeannine qui avait parlé; ensuite, Aubry avait dix-huit ans, âge de vaurien, âge où la conscience voit trouble et se trompe sans cesse. A dix-huit ans, les meilleurs sont des diables. Le mal, pour les yeux de dix-huit ans, brille comme ces miroirs avec lesquels on prend les alouettes. Aubry avait dix-huit ans. Aubry était du parti de l'Ogre des Iles contre les chevaliers et les demoiselles.

Maladie de la jeunesse, faiblesse vénielle dont les années sont le dur remède. Les hommes comme les nations ont cette période irritante de la mue qui porte d'instinct à mal faire. Au fond, messire Aubry n'en était pas moins un très-loyal jouvenceau, devant faire plus tard un très-digne gentilhomme.

Messire Olivier se tourna du côté de Berthe et s'inclina gracieusement sans répondre.

— Voici maintenant, poursuivit-il, comment
es bardes de Chausey racontent l'histoire du comte
)tto Béringhem.

VII

— La fille du diable. —

— Le père du comte Otto, continua messire
Olivier, était le margrave Cornélius, qui fut brûlé
pour fait de sorcellerie vis-à-vis du portail de la
cathédrale de Cologne. Le comte Otto n'avait pas
encore quinze ans quand il poignarda les trois
juges qui avaient condamné son père. Le premier,
qui était Karl Spurzheim, procurateur du prince-
évêque, fut tué sur les degrés de la cathédrale de
Liége ; le second, le chanoine Schwartz, tomba sur
le calvaire de Manheim ; le troisième, l'archiprêtre

Heinrich de Heilbronn, fut mis à mort au pied de l'autel...

— Horreur! horreur! disait-on tout bas dans le salon.

Mais on écoutait.

Olivier, baron d'Harmoy, parlait d'une voix lente et froide.

— Je vous transmets, nobles dames, s'interrompit-il, ce que chantent les trouvères des îles : rien de plus, rien de moins. Leurs vers sont harmonieux et leurs harpes sonores. La ville d'Hélion, la cité mystérieuse qui obéit aux lois de l'Homme de Fer, ne veut point ouïr d'autre histoire... Quand le comte Otto eut tué les trois juges de son père, il envoya le cartel des proscrits à l'empereur d'Allemagne, et gagna les monts du Harz avec ses compagnons. Il y avait dans le Harz une jeune fille nommée Hélène; elle était belle; le comte la prit pour femme à la face de ses chevaliers. La nuit des noces, Hélène s'endormit dans les bras de l'Homme de Fer et ne s'éveilla plus. Les bardes des îles l'appellent la bienheureuse. La nuit suivante, le comte Otto coiffa son casque et sortit de sa retraite tout seul. Il allait avoir seize ans.

» Entre les deux plus hautes montagnes du Harz, le Hund et la Ziége, se creuse cette fente prodigieuse que les bûcherons appellent Teufelgau, la Vallée du Diable.

» Le comte Otto y vint, à minuit, avec une fiole
et un livre. Il avait fiché son épée dans le tronc
du dernier arbre de la forêt. Il ouvrit son livre : un
voile sanglant cacha la lune.

» Il versa sur la terre trois gouttes de la liqueur
contenue dans la fiole : la terre trembla.

» Le margrave Cornélius passa devant lui sur
un cheval dont les crins flamboyaient.

« — Salut! mon seigneur et père », cria le
comte, « vous êtes vengé! »

» Puis il ajouta :

« — Mon seigneur, je vous prie, est-il un pa-
» radis et un enfer ? »

» Le margrave était loin déjà; cependant, le
comte Otto l'entendit qui répondait :

« — Il est un enfer !

» — C'est bien, » dit-il ; « alors, Satan existe :
» je veux le voir. »

» Il appela Satan par trois fois dans la nuit silen-
cieuse et profonde. Les tombes du cimetière d'Arau,
qui est au versant de la montagne, rendirent des
gémissements. Le vent plia les cimes des arbres, et
la nue déchirée lança un tonnerre; mais Satan ne
vint pas. Le comte se dit : « Satan a peur de moi. »

» Il lacéra les pages de son livre et les foula aux
pieds; il brisa la fiole contre un quartier de roc et
reprit son épée. A ce moment, la lune blanche
reparut dans l'azur du ciel. Le comte Otto vit, sous

le dernier arbre de la forêt une femme endormie.
Elle était pâle et si belle, que le comte Otto sentit
fléchir ses genoux. « Satan ne m'a pas répondu, »
pensa-t-il; « si je parlais à Dieu ?... »

» Il est dans le Harz une grotte bénie où saint
Gunther a laissé ses os. Un ermite jeûnait et priait
dans cette grotte, le cilice aux reins, la croix sur
la poitrine. Il avait nom Rudolphe le Pieux et faisait
des miracles. Le comte Otto se mit en selle et
tourna la tête de son cheval vers la grotte de l'ermite.

» Mais savez-vous? Satan a une fille. Quand Satan
est absent et ne peut répondre aux conjurations
des mortels, sa fille vient à sa place. Satan était
quelque part, au delà du Rhin, présidant un con-
clave de francs juges et faisant une pointe au
poignard qui tue dans l'ombre.

C'était la fille de Satan qui était couchée sous le
dernier arbre de la forêt. Elle entendit peut-être
que le comte Otto prononçait le nom de Dieu dans
son cœur. D'un bond, elle se plaça au-devant du
cheval, et, jetant une guirlande de fleurs autour du
cou de Béringhem, elle l'entraîna loin de l'ermi-
tage.

Rudolphe le Pieux sonna sa cloche, sentant
qu'il y avait une âme en peine aux alentours. Mais
la fille de Satan sauta en croupe et se mit à chanter.
Otto n'entendit point le son de la cloche. La fille

de Satan lui donna une aiguille en métal rouge, cent fois plus précieux que l'or pur. Puis elle le conduisit au plus profond du Teufelgau, à un endroit où il n'y avait ni un buisson, ni une touffe de bruyère, ni un brin d'herbe. Les cimes des deux montagnes, le Hund et la Ziége, dominent ce lieu et surplombent de chaque côté, ne laissant voir qu'une bande du ciel. Un trou rond, en forme de puits, s'ouvre sous une roche noircie par l'haleine des maudits, car ce trou est la porte de l'enfer.

« — Vois-tu le trou, seigneur comte? » demanda la fille de Satan.

» Il faisait si noir, que le comte Otto ne voyait pas même ses pieds. La fille de Satan étendit sa main droite vers le Hund, sa main gauche vers la Ziége. Les cimes des deux montagnes s'allumèrent comme deux énormes flambeaux.

« — Je vois le trou, » dit le comte avec calme.

» Il n'avait pas peur. La fille d'enfer reprit :

« — Quand tu voudras voir Satan, ne t'embarrasse pas de conjurations ni de grimoires. Pique la grosse veine de ton bras gauche avec l'aiguille que je t'ai donnée, et laisse tomber une goutte de ton sang dans le puits, en disant : *Airam* (1).

(1) C'est le nom de la Vierge retourné : Maria-Airam. Cet anagramme cabalistique était regardé en Allemagne comme la plus irrésistible de toutes les conjurations.

II. 6

» — Airam ! » répéta le comte Otto pour graver
ce nom dans sa mémoire.

» Les deux montagnes s'éteignirent et fumèrent
comme deux souches de bois vert qui ont cessé
de flamber. Dans la nuit revenue, Otto sentit un
baiser de feu sur ses lèvres.

» Le lendemain, dès que la brune tomba, le comte
Otto prit le chemin du Teufelgau. La lune était
sous de grands nuages noirs. Le comte eut peine
à retrouver le trou, qui est la porte de l'enfer.
Quand il l'eut trouvé, il mit son oreille contre terre
et il entendit bien le fracas de la ronde éternelle
que les damnés dansent autour du trône de Satan.
Il se piqua la grosse veine du bras gauche. Une
goutte de sang tomba dans le puits, d'où s'élança
un tourbillon de vapeur. Le comte respira cette
vapeur et devint ivre. Il cria pourtant : *Airam !*

» A ce mot, un formidable éclat de rire éclata
au-dessus de sa tête. Le comte Otto leva les yeux.
Il vit, sur le ciel embrasé soudainement, une colos-
sale silhouette qui se détachait en noir. Le géant
était debout. Son pied droit s'appuyait à la cime
du Hund, son pied gauche au sommet de la Ziége,
et le Teufelgau passait entre ses jambes écartées.

« — Es-tu Satan? » demanda le comte Otto.

« Le géant répondit :

« — Je suis Satan. »

« Sa voix fit trembler les deux montagnes sur

leur base. Mais le comte Otto ne trembla pas. Le
roi du mal lui demanda :

« — Que veux-tu?

» — Je veux, » répliqua le comte, « que tu me
montres l'endroit où est tout l'or de la terre. »

» Satan courba son échine puissante. Sa large
main saisit le comte Otto par la ceinture et l'enleva
dans les airs. Puis il déploya ses grandes ailes,
qui frappent l'air avec le bruit de la foudre. Son
vol, plus rapide que la pensée, laissa derrière soi
le Harz, et, se dirigeant au sud-est, franchit la
Bohême, les monts Carpathes, tout blancs de
neige, la Hongrie et le pays des infidèles. La mer
Noire était sous ses pieds; des nuages où il était,
il se laissa tomber dans les flots, qui s'ouvrirent
comme pour la chute d'une montagne.

» ... Au fond de la mer Noire, il est une voûte
immense, bâtie de jais et de porphyre sombre.
Cette voûte descend, descend, spirale mystérieuse
et infinie, jusqu'à ce lac de feu qui est le noyau de
la terre, et qui est l'enfer. L'eau de ce lac, c'est l'or
vif en fusion. Par d'étroits canaux, cet or monte et
s'infiltre çà et là jusqu'à l'écorce du globe. Ce sont
les mines.

» L'enfer est l'or.

» Et tout l'or vient d'enfer.

» Satan posa le comte Otto sur la rive ardente
du lac et lui dit :

« — Es-tu content? »

» Les yeux du comte battaient, éblouis. Cependant il répliqua :

« — Non, je ne suis pas content.

» — Pourquoi? » demanda le père du mal.

« — Parce qu'il n'y a pas assez d'or. »

» Satan regarda le comte avec admiration.

« — Ma fille m'avait bien dit que tu valais » treize réprouvés à toi tout seul! » s'écria-t-il; « ce lac est vaste, pourtant!...

» — Il a des bornes.

» — Tout a des bornes.

» — Mon désir n'en a pas! »

» Satan battit des mains. Puis il demanda encore au comte Otto :

« — Que veux-tu?

» — Tout a des bornes, » répondit le comte, « excepté la passion de l'homme. Je veux que ma » passion soit la mesure de mon opulence.

» — Alors, tu veux faire toi-même de l'or?

» — Je le veux. »

» Satan réfléchit longtemps.

« — J'ai promis à ma fille de faire tout ce que tu » voudrais, » dit-il enfin; « mais je suis obligé de le » proclamer moi-même : il n'y a qu'un Créa- » teur.

» — Alors, » repartit le comte, « ramène-moi au » Teufelgau, que j'aille me prosterner au pied des

» autels où l'on adore le Créateur. S'il est tout, tu
» n'es rien ! »

» Satan réfléchit une seconde fois et plus longtemps.

« — Écoute, » reprit-il comme malgré lui, « on
» fait de l'or avec du sang! »

Messire Olivier essuya quelques gouttelettes
de sueur qui perlaient à son front et poursuivit :

— Satan dit encore au comte Otto :

« — Bien loin vers l'ouest, aux rivages de la
» Bretagne, il est une ville morte qui se nomme
» Hélion. Dans les ruines de cette ville habite
» un vieillard deux fois centenaire qui a le se-
» cret de la sublime science. Deux mortels ne
» peuvent pas connaître à la fois ce mystère.
» C'est la loi. Va, prends-lui son secret, tu seras
» mon maître.

» — Pour lui prendre son secret, » demanda le
comte, « faut-il sa mort?

» — Il faut sa mort, » répondit Satan.

» Le comte Otto passa le Rhin, traversa la
France et vint au pays de Bretagne. Il cherchait
une ville morte qui avait nom Hélion. Personne ne
sut lui dire où elle était, cette ville.

» Il visita Belle-Isle et la Petite-Mer (Morbihan),
Quiberon, Croix, Glénan, la pointe redoutable de
Penmarch, Sen la païenne, le bec du Raz, où la

mer tourmentée et folle lance son écume jusqu'au
ciel, Ouessant, la reine des tempêtes, Abervrach,
l'île de Baz et Saint-Pol, les Sept-Iles, Bréhat,
Fréhel, Saint-Malo, le rocher vaillant, Cancale, la
gracieuse cité qui regarde en riant le grand tom-
beau des grèves. Nulle part il ne rencontra Hélion,
la ville morte.

» Une nuit, derrière le mont Saint-Michel, le
brouillard couvrait la mer montante. Otto sauta
dans une barque et rama vers le large. Quand le
brouillard se leva, il aperçut au loin une lueur sur
la mer. Otto tourna la proue de sa barque vers cette
lueur. Il prit terre dans la plus grande des îles
Chausey. Il vit des arbres séculaires, des rochers
couverts de mousse, des grèves désertes : partout
la solitude et le silence. Comme il se demandait
d'où pouvait venir cette lueur, une horloge invisible sonna les douze coups de minuit.

« — Airam! Airam! » cria le comte Otto en
frappant du pied la terre.

» Un vieillard à longue barbe blanche était devant
lui. Et le comte Otto vit bien, à ce moment, parmi
les grands arbres, des arcades brisées et ces hautes
colonnes de granit rose qui entouraient le temple
du Soleil dans la ville d'Hélion, quand Hélion était
une ville vivante.

» Le vieillard dit au comte Otto :

« — Je t'attendais : ma fosse est creusée là.

» sous l'if de Bel. Tue-moi, mon fils : c'est mon
» dernier soupir qui dira mon secret. »

» Le vieillard entr'ouvrit sa robe de lin pour
montrer la place de son cœur. Le comte Otto tira
son glaive... »

. Ici, messire Olivier se tut, parce que les portes
de la salle s'ouvraient pour donner passage aux
valets du Dayron, qui apportaient des flambeaux. La
lumière des flambeaux éclaira le cercle haletant et
saisi. Hommes et femmes penchaient en avant leurs
têtes attentives où la passion de savoir le disputait
à l'horreur.

Tout seul, messire Olivier était calme. Sa belle
figure pâle et fière dominait l'assemblée. Il promena
autour de lui son regard froid mais souriant, et
acheva la phrase commencée :

— Le comte Otto tira son glaive et le plongea
dans le cœur du vieillard.

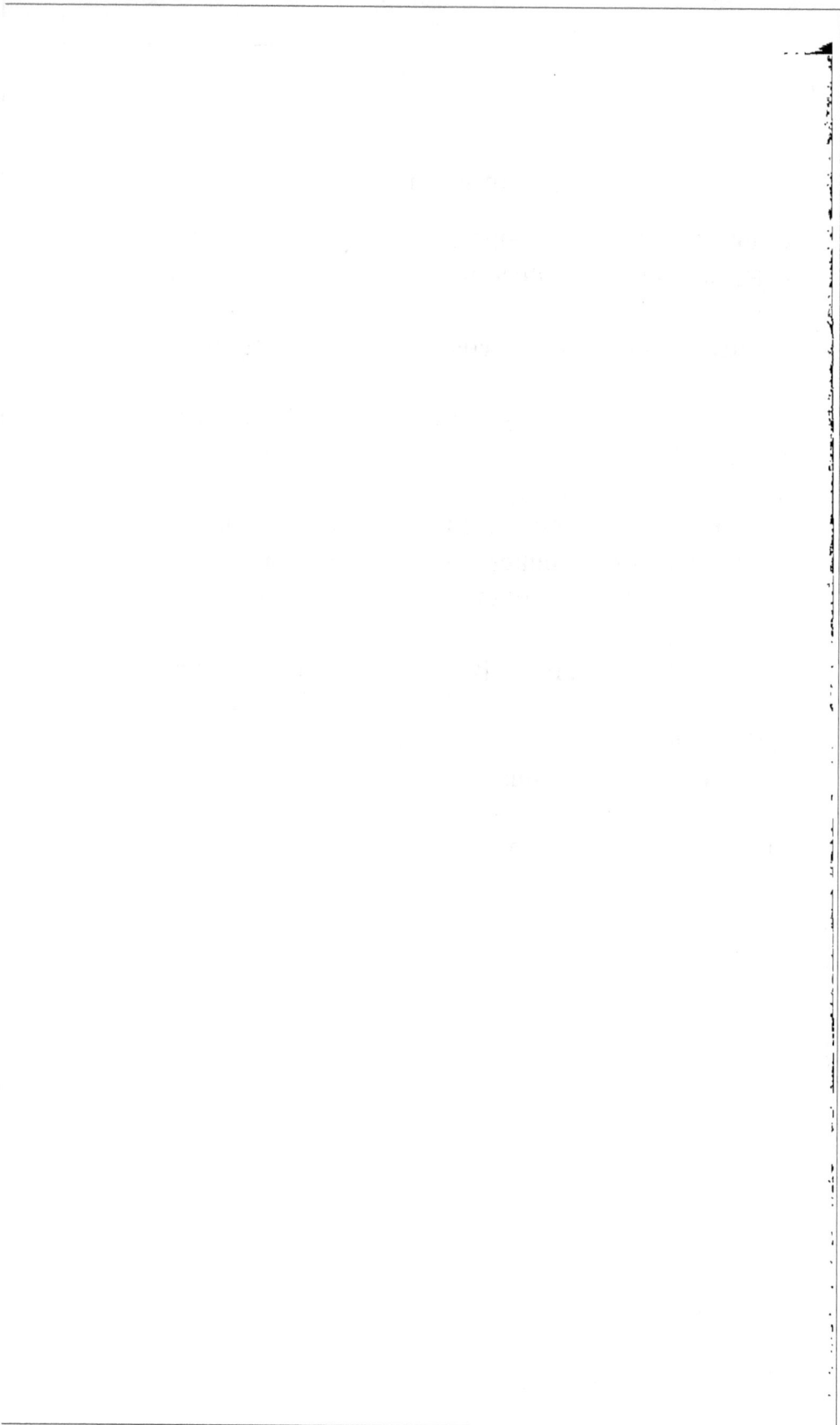

VIII

— La fin de l'histoire. —

Un long murmure accueillit cette conclusion attendue. Messire Olivier, baron d'Harmoy, gardait son sourire impassible.

De nos jours, une histoire semblable à celle de messire Olivier serait un conte à dormir debout ou bien une légende railleuse. En l'an 1469, c'était un récit tout plein d'émotion et d'actualité.

Il ne faut pas oublier, en effet, que le héros mystérieux et terrible de cette légende, le comte Otto Béringhem, l'Homme de Fer, vivait à quelques

lieues de Pontorson. Il ne faut pas oublier que
toute la contrée tremblait à son nom seul. Il ne faut
pas oublier surtout que bien des mères étaient en
deuil depuis que ses soudards tenaient garnison
dans les îles Chausey.

Ce que le récit de messire Olivier pouvait avoir
de fantastique dans la forme disparaissait devant la
réalité du fond. Il faisait écho aux terreurs de
chaque jour. Le temps et le lieu se réunissaient
pour augmenter l'impression produite : le temps,
c'était l'heure présente; le lieu, c'était le pays
même. N'avait-on pas vu tout à l'heure, dans la
plaine, la bannière redoutée du comte Otto flotter au
vent, flamboyer au soleil? Une autre cause d'émotion, et ce n'était pas la moindre, devait être attri-
buée au conteur lui-même. Personne ne savait au
juste, nous l'avons dit déjà, ce qu'était messire
Olivier. Beaucoup s'occupaient pourtant du mystère
de sa vie. Pendant qu'il poursuivait ce récit, dont
la bizarre poésie faisait peur et plaisir à la fois,
tous les regards étaient fixés sur lui. Avant l'arrivée
des valets porteurs de flambeaux, et tandis que
l'ombre allait s'épaississant dans le salon, chacun
lui faisait un visage à sa guise. Transfiguré ainsi
par l'imagination de ses auditeurs, Olivier, dont la
voix sonore vibrait dans la nuit, prenait, pour les
femmes surtout, des proportions presque surnatu-
relles.

On avait entendu des dents claquer lorsqu'il s'interrompait, et de longs soupirs soulever les poitrines oppressées. D'où venait-il, cet homme au langage entraînant qui se jouait avec la parole comme les virtuoses provençaux avec la viole ou le rebec ? Et n'était-il pas acteur dans ce drame impossible ?

L'Homme de Fer l'avait recueilli mourant dans sa galère de plaisance. Il n'avait pas dit encore ses propres aventures dans la cité inconnue d'Hélion.

Elle existait donc, cette ville fantôme, à une heure de chemin de la côte d'Avranches, couverte de barques innombrables ? Et aucune de ces barques n'avait jamais signalé son port ! Mystère ! mystère !

Mystère ! sans doute, cet être surhumain qui avait ravi à Satan le grand secret, enveloppait d'un voile cabalistique les effrayants arcanes de sa demeure. On passait auprès d'Hélion sans la voir.

Une idée venait à quelques-uns dans le salon du Dayron, une de ces idées qu'on repousse en vain et qui s'obstinent. On se disait : « Si le conteur lui-même, si cet Olivier, baron d'Harmoy, était... »

Plus d'un frisson courait sous la soie des corsages et même sous l'acier miroitant des cottes de parade. Vous savez, c'était une trinité maudite : l'Homme de Fer, l'Ogre des Iles et ce jouvenceau pâle dont les cheveux noirs bouclaient sur un front d'albâtre.

Le baron Olivier était si pâle! la plume du corbeau n'était pas plus sombre que ses cheveux.

Depuis le moment où Berthe de Maurever, la noble fille, avait élevé la voix pour défendre l'honneur des vierges bretonnes, madame Reine ne l'avait point quitté. Tant que les hautes fenêtres du salon donnèrent passage aux lueurs du crépuscule, madame Reine remarqua l'œil ardent de messire Olivier fixé incessamment sur Berthe. Était-ce rancune? était-ce amour? Berthe restait immobile, les yeux baissés; dans les demi-ténèbres qui allaient s'obscurcissant de minute en minute, madame Reine crut la voir deux ou trois fois tressaillir. Aux dernières paroles de messire Olivier, Berthe porta la main à son sein et sa tête s'inclina sur sa poitrine. Madame Reine était une châtelaine de trop d'expérience pour ne point savoir que le serpent fascine à distance le pauvre oiseau condamné. La prose, qui était sa nourriture préférée, ne pouvait la défendre complétement contre le merveilleux qu'on respirait dans l'air à cette époque crédule. Elle frémit en songeant qu'un sort tombait peut-être sur Berthe en ce moment. Son regard se tourna malgré elle vers le fascinateur.

Les porteurs de flambeaux passaient devant messire Olivier. Madame Reine le vit sourire : la flamme de sa prunelle n'allait point à Berthe, ou plutôt elle glissait sur le front vaincu de Berthe et dardait un

éclair à Jeannine, qui rougissait et baissait les yeux.
Il est vrai que messire Aubry n'était pas très-loin
de Jeannine et qu'il avait dû être plus près d'elle
encore avant l'arrivée des flambeaux. Tel fut, du
moins, l'avis de madame Reine.

Madame Reine devina que ce n'était pas pour Olivier que Jeannine baissait les yeux en rougissant.
Certes, elle ne voulait pas de mal à la fille du brave
écuyer Jeannin ; mais elle se demanda pourquoi le
mauvais œil allait à Berthe plutôt qu'à cette petite
Jeannine. Chute de vassale n'est guère de consé-
quence. Le mauvais œil, en allant à Jeannine plutôt
qu'à Berthe de Maurever, eût fait si bien les affaires de madame Reine !

Il arriva ce qui toujours arrive : la lumière des
flambeaux fit évanouir une bonne partie des spectres
qui planaient dans les ténèbres. Chacun voulut
cacher son émotion ; les têtes se redressèrent ; les
maintiens et les physionomies se composèrent.
Les plus braves se sentaient tout prêts à tourner
la chose en raillerie, quitte à reprendre la chair de
poule en éteignant la lampe de leur chambre à
coucher, cette nuit.

— Merci Dieu ! dit le sir de Landal, voilà un bel
exploit que fit ce comte Otto ! Tuer un vieillard de
deux cents ans !

— Pour un chevalier, répliqua Olivier sans regarder son interlocuteur, front chauve et barbe

blanche font une terrible armure, messire! le
comte Otto s'enorgueillit de ce coup-là plus que
de tous ses autres faits d'armes.

Ses yeux noirs, tandis qu'il parlait, avaient une
expression de triomphe : le front pâle de Berthe
ne se relevait point.

— Madame ma mère, murmura-t-elle en s'adressant à Reine, une goutte d'eau, je vous prie, je me
sens défaillir.

Jeannine entendit; elle se précipita pour soutenir
son amie. Madame Reine la repoussa; messire Olivier
eut un sourire en voyant les deux jeunes filles, un
instant groupées, mêler les boucles brunes et
blondes de leurs admirables chevelures.

— Toutes deux!... murmura-t-il pour la seconde
fois.

Berthe ferma les yeux.

— A quoi sont bons ces récits extravagants,
s'écria madame Reine en colère, sinon à frapper le
faible esprit des enfants? Voici mademoiselle de
Maurever évanouie!

Aubry était jaloux de cet Olivier, mais jaloux!
Il eût voulu, lui aussi, faire tomber les femmes en
pamoison. Quelle gloire! On a deux ambitions prin-
cipales à dix-huit ans : étonner, effrayer. C'est
pour étonner et pour effrayer que l'adolescent se
damne. Étonner qui? Mon Dieu, n'importe : sa
mère, ses sœurs, sa cousine. Qui effrayer? N'im-

porte encore : les vieilles filles d'en face, les passants inconnus, la chambrière ; tout est bon qui s'effraye et qui s'étonne. C'est le succès.

— Eh bien, eh bien, demanda-t-on, la fin de l'histoire ?

— Que fit le comte Otto de son vieillard de deux cents ans ?

— Ressuscita-t-il la ville morte ?

Ces questions se croisaient ; messire Olivier gardait le silence : il semblait profondément rêver. Les dames qui s'empressaient autour de Berthe lui cachaient maintenant les deux jeunes filles.

— Elle rouvre les yeux ! s'écria madame Reine.

Messire Olivier saisit cet instant pour répondre :

— J'ai effrayé sans le vouloir une noble demoiselle ; veuillez m'excuser, messires, je ne parlerai plus.

— Parlez encore, dit une voix faible au centre du groupe formé par les dames : je veux savoir...

Olivier s'inclina gravement.

— C'est un ordre, murmura-t-il ; que veut savoir Berthe de Maurever ?

— S'il fit de l'or..., prononça la jeune fille comme malgré elle.

— Il fit de l'or, répliqua Olivier.

— Avec du sang ? demanda encore Berthe d'une voix si basse, qu'on eut peine à l'entendre.

Madame Reine la regardait, inquiète et attristée.

Messire Olivier répondit lentement :

— Avec du sang !

La curiosité renaissait plus vive ; les dames avaient repris leur place, Olivier restait seul debout au milieu du cercle. Une girandole qui pendait au-dessus de sa tête éclairait en plein son visage. Certaines figures, pour rester poétiques et belles, ont besoin du clair obscur. La lumière donnait aux traits de messire Olivier quelque chose de hautain et faisait briller la souveraine noblesse de son port. Au grand jour comme dans les demi-ténèbres, ce pâle jeune homme était maître et roi. Il y avait là de fières lances, des noms illustres par l'épée, des chevaliers vaillants et beaux. On ne les voyait point ; un rayonnement étrange s'épandait autour d'Olivier, baron d'Harmoy, et prenait les yeux de toutes les femmes.

Aubry le contemplait avec une respectueuse envie. Les pauvres mères sont un peu comme leurs fils. Madame Reine détestait instinctivement cet homme, mais elle se disait : « Mon Aubry pourrait, s'il le voulait, porter ainsi la tête et parler de cette voix qui émeut le cœur ! » Volontiers eût-elle demandé au baron qu'elle haïssait des leçons pour son fils adoré. La passion des mères, sainte et bénie, n'est pas plus sage que les autres passions.

— Et après qu'il eut fait de l'or ? interrogèrent les curieux insatiables.

— Hélion vit et respire, répondit messire Olivier, ceux qui ont envie de savoir peuvent traverser la mer.

— Baron! s'écria le sire du Dayron, vous nous avez promis l'histoire de l'Homme de Fer.

— Ne l'ai-je pas dite? et n'est-ce pas assez? Que puis-je vous apprendre? l'or commande ici-bas; le comte Otto fait de l'or... Sous le casque fermé de ses chevaliers, il y a des figures connues à la cour de France et à la cour d'Angleterre : il fait de l'or... il fait de l'or : dans ce climat froid et triste, les orangers fleurissent à son ordre; le soleil obéissant perce le brouillard pour dorer ses vignes; il a des bosquets de myrtes et des forêts de lauriers-roses... D'un geste il fait jaillir de terre ces longs portiques de jaspe, ces propylées d'albâtre, ces longues colonnades de porphyre bleu qui semblent se confondre avec l'azur du ciel : il fait de l'or... il est le maître des hommes, messires, par l'or; par l'or, nobles dames, il est le roi des cœurs... L'or, c'est un des sept noms de Dieu... Que vaut l'univers? dites; le comte Otto va l'acheter... Dans les trente et un jours du mois d'août, la cathédrale d'Hélion s'est élevée : le comte Otto avait fantaisie d'avoir une cathédrale; sa cathédrale est plus longue, plus large, plus haute, plus solide, plus belle, plus pieuse, plus riche que Saint-Pierre de Rome et que Notre-Dame de Paris, que Sainte-

Croix d'Orléans et que Saint-Martin de Tours, que
l'église de Reims et que la basilique de Coutances,
plus fière que Chartres, qui perce les nuages de
son aiguille dentelée ; plus robuste que Strasbourg,
plus hardie que Cologne. On a mis trois siècles à
construire la basilique romaine ; deux siècles et
demi à bâtir la cathédrale de Paris ; voilà cent cinquante ans que les maçons taillent la pierre pour
l'église de Rouen, qui n'est pas encore achevée :
le comte Otto fait de l'or !

» L'aimant attire le fer ; l'or attire les âmes.
Poëtes, musiciens, peintres, sculpteurs sont aux
pieds du comte Otto, qui fait de l'or. Hélion, que la
mer entoure comme une étroite ceinture, Hélion
est plus grande que la France tout entière. Elle
contient Otto, qui est grand comme le monde. S'il
veut, sa gloire vivra autant que le dernier homme :
les poëtes font la gloire ; Otto fait de l'or ; l'or
achète les poëtes. Otto méprise les poëtes et la
gloire ; il respecte l'or, qui seul vaut un culte. En
savez-vous assez ? Que possède Louis de France,
le grand roi ? Des soldats, des prêtres, des poëtes ;
le comte Otto a tout cela ; quand il voudra, le comte
Otto, il aura les poëtes, les prêtres, les soldats du
roi Louis et le roi Louis lui-même... Ne murmu-
rez pas, messeigneurs ; mon plaisir n'est point de
vous insulter. Vous m'avez fait aujourd'hui troubadour et je chante... Le roi d'Angleterre ou l'empe-

reur d'Allemagne n'ont pas plus que le roi de France;
je ne parle pas même des petits ducs de Bourgogne,
de Bretagne et autres. Reste donc le sultan infidèle,
sectateur de Mahomet. Nobles dames, le hasard de
ma vie m'a conduit jadis au delà du grand désert
africain, dans le pays des parfums et des génies :
j'ai vu Bassora la riche, Bagdad, la lumière de l'O-
rient, et Golconde, où les cailloux sont des diamants.
Je vous le dis, parce que cela est vrai : le domaine
du comte Otto est plus opulent que Bassora, plus
éclatant que Bagdad, plus prestigieux que Golconde!
Le comte Otto fait de l'or : les sept merveilles du
monde sont à lui!

Des pages aux couleurs du Dayron entrèrent,
portant sur des plateaux de cristal le vin frais, les
mostardes milanaises et les beaux fruits miellés des
campagnes provençales. En même temps, les violes
et les harpes se firent entendre dans la galerie
voisine.

— Et ne croyez pas, reprit messire Olivier,
baron d'Harmoy, que le comte Otto soit las ou
rassasié des délices de sa vie. Le comte Otto fait de
l'or. Il a les philtres de l'enchanteur ; il a les prodiges
de la science. On vit d'or. Le comte Otto, toujours
ardent, toujours jeune, a, depuis bien longtemps
peut-être, l'âge où la barbe grisonne, où le cœur
glacé ne tressaille plus ; la barbe du comte Otto
ondule en anneaux soyeux plus noirs que le jais ;

le cœur du comte Otto brûle, foyer insatiable. De temps en temps, il promène au loin son regard d'aigle. Il cherche la fleur qui va éclore, et dont le calice demi-fermé garde encore tous les parfums. Quand il l'a trouvée, il arbore sa bannière de conquête, et les yeux éblouis voient briller au soleil son cri d'amour et de guerre : *A la plus belle!*

Berthe de Maurever sentait son souffle s'embarrasser dans sa poitrine. Les sourcils de Jeannine se froncèrent. Messire Olivier les regardait toutes deux.

Il prit sur un plateau qui passait une coupe large et profonde; il la tendit au page et le page l'emplit jusqu'aux bords. Les yeux de messire Olivier eurent comme un rayonnement doux et joyeux pendant qu'il levait la coupe pleine.

— Moi qui ne fais point d'or, dit-il, et qui ne suis qu'un pauvre gentilhomme, j'emprunte aujourd'hui la devise du comte Otto Béringhem et je bois à la plus belle!

Il s'inclina à la ronde. Quand il porta la coupe à ses lèvres, ses yeux étaient revenus à leur point de départ : ils se fixaient sur Berthe et sur Jeannine.

— Chevaliers et nobles dames, dit le sire du Dayron, la salle de danse vous attend.

Les plus forts tenants de la couleur locale ignorent comment dansaient les chevaliers. Le menuet,

déjà connu en Italie, n'avait cours que parmi les
baladins. La danse du glaive des anciens Francs
était depuis bien longtemps tombée en désuétude.
Marcou et Javotte dansaient la gigue, mais ils n'é-
taient pas du grand monde. On pense que le bal se
composait d'une sorte de bourrée analogue à celle
des paysans de l'Auvergne. Cela se dansait en qua-
drille. Mais les croisades avaient transplanté en
Europe la plupart des coutumes du Levant. Les
Orientaux, nonchalants et pleins d'esprit, aiment
bien mieux voir danser que danser. Pour eux, la
danse est un spectacle. Au xve siècle, on peut
affirmer qu'en Europe la danse était surtout un
spectacle.

Le vrai bal, c'était le tournoi.

La danse, comme la musique, servait d'assaisonnement aux mets d'un festin. Il y avait une
sorte de dignité un peu exagérée qui proscrivait
cet exercice, réservé aux *clowns* de l'époque. De
nos jours, on aime beaucoup mieux danser que
voir danser. De nos jours, ce qui nous amuserait
par-dessus tout, ce serait un spectacle où chaque
spectateur aurait son petit bout de rôle. Notre
siècle a la rage d'être acteur. Nos gentilshommes
conduisent eux-mêmes leurs voitures et se cassent
le cou, de leur propre personne, aux courses. Il
faut bien faire quelque chose pour vivre.

L'illustre compagnie rassemblée à l'hôtel du

Dayron passa du salon dans la galerie, où douze danseurs napolitains attendaient le signal du maître. La galerie donnait sur cette terrasse qui dominait le pont du Couesnon et les deux rives bretonne et normande. On recommença d'entendre le brouhaha de la fête. C'étaient des éclats redoublés de gaieté. Les gars et les filles dansaient en bas autrement que par procuration. La plaine regorgeait de foule, et de tous côtés des lumières brillaient dans la nuit.

La galerie du Dayron était belle et vaste. On respira, au sortir du salon fermé ; chacun se sentit un poids de moins sur la poitrine. Était-ce le grand air, ou bien l'absence de messire Olivier ?

Messire Olivier, au moment où tout le monde quittait le salon, était resté à sa place, suivant de l'œil Berthe et Jeannine, qui s'éloignaient en se tenant par la main. Quand on ne le vit point venir dans la galerie, on s'enquit de lui ; les dames le demandèrent et quelques cavaliers empressés retournèrent au salon. Le salon était vide : messire Olivier avait disparu.

IX

— L'incendie. —

C'était l'heure ou jamais de parler de messire
Olivier. Les baladins de Naples pouvaient sauter
ou se tenir sur la pointe d'un seul pied en agitant
le tambour à grelots. On causait : messire Olivier
était sur le tapis. Dieu sait combien d'hypothèses
fantastiques furent édifiées à son sujet. Où était-
elle, sa baronnie d'Harmoy? A quelle nation ap-
partenait cet accent bizarre et à la fois gracieux,
qui soulignait si bien ses paroles? Il avait tout vu,

cet homme de vingt-quatre ans; l'univers entier lui était connu. Avait-il aussi vaillante lame que bonne langue? Certains prétendaient le savoir : ils affirmaient que sa langue n'était rien auprès de sa lame.

Mais, sainte Vierge! qu'il était beau! Voilà l'opinion des dames. Ses cheveux noirs, quelle couronne à son front! Quels diamants que ses prunelles! Dame Josèphe de la Croix-Mauduit avait remarqué ses mollets : c'étaient des mollets de dignité première. Les baladins pouvaient s'escrimer : messire Olivier, absent, tenait encore captive l'attention de tous.

Un fantôme? Pourquoi cette idée? A présent, les dames en riaient. Mais cette idée est bretonne; elle devait revenir.

Un fantôme, ce robuste et souple soldat! Eh! bon Dieu! dame Josèphe de la Croix-Mauduit avait connu, dans sa toute jeune jeunesse, un clerc tonsuré dont la tante à la mode normande avait vu comme cela une demoiselle de sang noble, qui fit ses vœux vers la fin de l'autre siècle, pour ce qu'elle avait ressenti le mal d'amour pour un fantôme. La demoiselle de sang noble était bègue et brèche-dents. Le fantôme lui avait pris un soir sa chaîne d'or, ses pendants d'oreilles et ses reliques, qu'elle avait dans une boîte précieuse; après quoi, il l'avait malement meurtrie et battue comme un vilain. Dame Josèphe inférait de là qu'il faut éviter les relations d'amour avec les fantômes. En thèse générale, on recueille toujours quelques enseignements utiles auprès des personnes discrètes et de grand âge.

Une mère inquiète et bien contente, c'était madame Reine. Nous avons oublié de vous dire cela, tant notre pauvre Aubry perd de son importance auprès du resplendissant Olivier. Aubry aussi avait disparu. Aubry était évidemment avec le baron d'Harmoy; on le disait : madame Reine l'entendait dire. Elle avait d'agréables frissons, la bonne dame, comme si elle eût entendu conter quelque terrible histoire au coin de son feu. Aubry était avec Olivier. N'est-ce pas effrayant? mais n'est-ce pas flatteur et charmant? De ce fait, Aubry ne recevait-il pas quelque lustre? Les dames parlaient de lui; on se promettait de le remarquer au retour. Veuillez réfléchir au succès qu'obtiendrait un jouvenceau qui reviendrait de chez le diable.

De chez le diable, cependant, on ne revient pas toujours, et c'est pour cela que madame Reine avait de l'inquiétude parmi sa joie. Mais ce sont là les bonnes joies maternelles. Il faut craindre un peu pour être heureuse ensuite et jouir du péril évité.

Aubry était avec messire Olivier; Aubry allait devenir tout pareil à messire Olivier. C'est-à-dire,

entendons-nous : Aubry allait avoir tout ce que
messire Olivier avait de beau et de bon; le mauvais, madame Reine n'en voulait pas pour Aubry.

Nos pauvres mères, si elles faisaient le destin,
qu'aurions-nous à regretter du paradis perdu?

Elle était si contente, madame Reine, qu'elle
oubliait le dessein formé à l'avance de parler à
Berthe de Maurever et de lui faire un peu de mo-
rale. Au sens de madame Reine, Berthe se fami-
liarisait par trop avec la petite Jeannine. Madame
Reine était de l'avis de Javotte. Mais Berthe avait
entraîné Jeannine sur la terrasse et madame Reine
n'en savait seulement rien.

C'était un beau spectacle. L'azur du ciel s'éten-
dait, profond et tout parsemé d'étoiles. La lune,
qui se couchait derrière les collines de Cancale,
laissait deviner l'immense horizon des grèves;
mais l'œil était saisi tout de suite par les mille
lueurs, fixes ou mobiles, claires ou fumeuses, qui
diapraient la plaine. Elles brillaient partout, les
torches à la longue chevelure de feu, les lanternes,
balancées au vent du large, les humbles résines,
abritées au fond de leur cornet en parchemin. Les
rondes joyeuses se déroulaient autour des flam-
bées de genêts ou d'ajoncs; les fourneaux forains
jetaient, sous l'effort du soufflet, de folles traînées
d'étincelles. Le pont, chargé de pots à feu et de
lampions, dessinait son dos d'âne gothique; le

Couesnon lui-même, égalisant sa large nappe d'eau
salée, servait de miroir à la fête; chacun de ses
petits flots scintillait gaiement.

Et le tapage! et la joie! On avait bu. Il y avait
trois fois plus de *batteries* que de danses. Les batteries, avouons-le sans scrupule, sont l'allégresse
d'une fête. Trois dents cassées, un œil poché, cela
refait bien un jeune gars! Et quelle fille a le cœur
de repousser l'amoureux qui revient avec la vaillante bosse au front ou la compresse mouillée sur
l'oreille? A la lutte, on déchire la chemise; à la
batterie, on lacère la peau vivante. La lutte est
bonne avant souper; après souper, fermez les
poings, lancez le mortel coup de tête, ou retour-
nez-vous pour mettre votre talon ferré dans l'estomac des amis. Avez-vous des bâtons, c'est mieux
encore; les bâtons sonnent l'un contre l'autre;
cela réveille le cœur. Une tête cassée, ne voilà-t-
il pas de quoi se plaindre? Le fouet aussi peut servir, le fouet emmanché de court et portant sa
mèche poissée au bout d'une corde de douze ou
quinze pieds. Le fouet, quand on le manie belle-
ment, coupe aussi bien que le sabre; en outre, le
fouet claque gaillardement : ne dédaignez pas le
fouet. Mais le couteau, jamais! c'est l'arme lâche
des villes.

Eh bien, la lutte marchait, au grand préjudice
des bonnes chemises de chanvre : le pugilat breton.

à coups de poing, à coups de tête, ne chômait point; le bâton faisait merveille, le fouet s'escrimait bravement. Il y en avait pour tous les goûts. Les filles, abandonnées, se consolaient à la ronde des sabots :

« Ma grand'maman disait terjou
    Qu'y avait un loup
    Es bout d' la prée :
Ma grand'tante, d'un fois y fut;
    N'an n' l'a point r'vu...
    L'a-t'i mangée ?
      Sabotons,
      Sabotoux,
      Garez-vous
Des loups-garous ! »

Après le refrain, il faut donner le branle, afin de courir à perdre haleine, jusqu'à ce qu'un pied trébuche sur le gazon. Dès qu'un pied trébuche, tout le monde tombe pêle-mêle; on rit, on hurle, on se relève, on recommence. Il y a quatre-vingts couplets. Après le dernier, rien n'empêche de reprendre le premier. Voilà des plaisirs durables!

Mais la ronde est bonne pour les enfants ou les veuves; la *litra* est le vrai bal d'amour! Dansez la *litra*, litralilanlire, sur les talons et sur les genoux: deux gars pour une fille, deux filles pour un gars, le pain à la main, le lard sous le pouce. Dansez en

tournant autour de la table où est le pot, où sont
les écuelles; buvez, mangez, dansez, le tout à la
fois : c'est la *litra*, litralitanla !

Et pour ce que la jeunesse s'amuse, ne pensez
pas que les métayers et les ménagères sommeillent.
Durant ces agapes, on ne sommeille que dans le
fossé, par trop boire. Ménagères et métayers sont
attablés. On cause gravement, on chante à tue-tête;
on juge le cidre avec impartialité. S'il est meilleur
que l'an passé, on le dit plutôt cent fois qu'une et
toujours avec un plaisir nouveau. On traite aussi
des sujets philosophiques : on affirme que la pluie
est bonne aux guérets desséchés, que le fumier
amende la terre, que le soleil fait mûrir les blés,
faut pas mentir !

Les marmots mettent leur visage tout entier dans
les tasses. O sainte ivresse ! voici Goton et Mathurin
sans dents qui s'embrassent comme au premier
jour de leur lune de miel. Les carmes font la quête.
Les soudards fanfarons se vantent et blasphèment.
Les saltimbanques, redoublant de verve à ce moment propice, font un appel désespéré à l'éloquence
du fifre et de la grosse caisse. Battez, cymbales!
cloches, carillonnez! tambours, faites rage! Lequel
l'emportera du pître breton ou du pître normand?
Où est le succès? à l'enseigne de Rollon Tête-d'Ane
ou au spectacle des onze mille vierges de Cologne ?

Le succès est chez le bonhomme Rémy. La vogue

a élu domicile dans la grande cabane toute neuve où l'on montre l'Ogre des Iles dévorant des petits enfants. Voilà une idée de génie! La fortune du bonhomme Rémy est faite. Depuis midi, il augmente d'heure en heure le prix d'entrée et la foule entre toujours. La cabane est trop étroite : que n'est-elle large comme les grèves! le père Rémy aurait demain matin de quoi acheter un manoir! On se presse, on se bat à la porte; à l'intérieur, on étouffe. Le grand garçon de Jersey n'en peut plus, tant il a dévoré de fois Fier-à-Bras l'Araignoire, et ce nain spirituel a une courbature à force de se laisser dévorer. Au lard! au lard! A tout coup, on n'a jamais rien vu de si beau! Le père Rémy a maintenant un air d'importance ; il se promène les mains derrière le dos. Quand une chandelle s'éteint à la galerie, il en fait allumer trois. Heureux bonhomme Rémy!

Au milieu de cette masse confuse, tumultueuse, bruyante qui s'agitait sur les deux rives du Couesnon et sur le pont, quatre points lumineux ressortaient pour Jeannine et Berthe, placées sur la terrasse. C'était d'abord la loge du bonhomme Rémy, tout entourée de torches et de lampions; c'était ensuite la tente royale, dressée sur le sol normand, et la tente ducale, dressée sur la terre bretonne. Le roi et le duc avaient bien fait les choses. Leurs tentes pavoisées et bien illuminées

emblaient se regarder dans la nuit. Il y avait sans
doute festin à cette heure dans l'une et dans l'autre.
Mais, toutes belles et brillantes qu'elles étaient,
livrant au vent leurs banderoles et surmontées de
leurs grandes bannières, une troisième tente,
dressée entre deux, au bord même du Couesnon,
les éclipsait complétement.

On avait vu tout à coup, vers la tombée de la
nuit, une barque plate remonter la rivière, grossie
par le flux. Dans la barque, il y avait douze nègres
habillés de blanc. Avant que les ténèbres fussent
tout à fait descendues, les nègres avaient planté
les piquets, tendu la toile, la soie et le velours. Un
tabernacle splendide s'était élevé comme par magie,
rouge, semé de paillettes ou flammèches d'or, avec
l'écusson du seigneur des Iles au-dessus de
l'entrée.

Lequel écusson était « de sable ou noir à la croix
arrachée d'argent. »

Écusson de païen !

L'escadron des chevaliers de Béringhem était
venu vers cette tente au moment où les douze
nègres et la barque se laissaient dériver au reflux.
Les curieux avaient entrevu de loin — car où était
l'homme hardi qui eût osé s'approcher de la tente
du comte Otto? — les curieux avaient entrevu, quand
les draperies s'écartèrent pour donner passage aux
chevaliers, les magnificences de l'intérieur. Puis

une troupe d'esclaves à cheval, précédée par des torches et soulevant dans la plaine un tourbillon de poussière, arriva. Les esclaves étaient habillés à l'orientale; ils portaient des vins précieux dans ces vases au ventre sphérique, au long col mince et droit, proscrits par le Prophète. Des chariots suivaient, chargés de vaisselle, de mets exquis et de fruits vermeils.

Le velours des draperies se referma sur les esclaves et sur les almées. On entendit bientôt à l'intérieur une musique suave que dominait par intervalles la voix mâle des chevaliers entonnant un hymne bachique.

A un certain moment où la joie du festin semblait à son apogée, une détonation se fit, semblable à un coup d'arquebuse : une traînée lumineuse sillonna la nuit et une gerbe d'étoiles étincela au firmament pendant quelques secondes. Quand les étoiles s'éteignirent, la tente du seigneur des Iles apparut aux regards éblouis comme un cône incandescent. Dix mille jets de lumière l'éclairaient de la base au faîte.

Le roi de France et le duc de Bretagne n'étaient pas assez riches pour déployer un luxe pareil. Mais le comte Otto faisait de l'or.

Berthe s'accoudait sur la balustrade de la terrasse; Jeannine était debout à ses côtés. Elles regardaient toutes deux cette montagne de lumière dont l'éclat blanc tranchait parmi les lueurs rousses et fumeuses qui parsemaient la plaine. Les rayons de ce fanal géant arrivaient jusqu'à elles; Berthe, sous ses tresses blondes, en paraissait plus pâle, et je ne sais quel effroi superstitieux se lisait sur le front incliné de Jeannine.

—Nous vivons dans un temps bien étrange, ma fille, murmura mademoiselle de Maurever; je pense à l'ermite du mont Dol, qui t'a saluée du titre de noble dame.

— L'ermite s'est trompé, dit Jeannine.

Berthe secoua la tête et répliqua lentement :

— Les saints ne se trompent point, parce que c'est Dieu qui parle par leur bouche.

Jeannine laissa échapper un petit cri d'étonnement.

— Qu'as-tu? demanda Berthe.

Jeannine, au lieu de répondre, étendit sa main vers le cône resplendissant qui se mirait dans l'eau tranquille du Couesnon. Berthe ne vit rien d'abord. La masse lumineuse ondulait à la brise; on ne pouvait la regarder qu'à travers des éblouissements. Au bout de quelques instants, comme l'astronome qui aperçoit enfin les taches du soleil, Berthe remarqua sur la surface enflammée un lent et mystérieux travail. Une invisible main éteignait çà et là les lumières une à une, de manière à tracer des lignes sombres qui se détachaient en noir sur le fond ardent. Les lignes formaient déjà trois lettres : A LA.

— Si j'étais homme, dit Berthe, qui toucha son front du revers de sa blanche main, je voudrais tenter cette aventure de pénétrer dans la ville morte d'Hélion.

— Oh! chère demoiselle! s'écria Jeannine, ne parlez point de la sorte devant messire Aubry!

— Pourquoi cela, ma fille?

— Parce que l'idée lui viendrait peut-être d'affronter les dangers de ces îles maudites.

— Et tu as peur pour lui?

— J'ai peur pour sa mère, répondit Jeannine en baissant les yeux ; et j'ai peur pour vous.

Berthe avait les yeux sur elle.

— Était-ce la première fois, demanda-t-elle brusquement, que tu voyais le saint ermite du mont Dol?

— C'était la première fois, répliqua Jeannine.

— Sais-tu que tu es bien belle, ma fille? prononça mademoiselle de Maurever comme malgré elle.

Il y avait quatre lettres nouvelles, tracées en noir sur le fond éclatant de la tente : PLUS.

Jeannine et Berthe devinaient déjà ce qui allait suivre.

— Partout! murmura Berthe, qui tremblait.

— Partout! répéta Jeannine.

— Il y a en moi une voix qui me crie : « Ces mots sont une menace terrible ! »

— Chère demoiselle, dit Jeannine timidement, si vous êtes menacée, messire Aubry vous défendra.

— Toi et moi, ma fille ! s'écria Berthe avec vivacité, comme si elle eût voulu mettre sur les épaules de Jeannine la moitié du fardeau de ses appréhensions ; la menace est pour toi autant que pour moi... Est-ce que tu ne crains pas ?

— Qu'ai-je à perdre, moi ? repartit Jeannine en détournant la tête ; non, je ne crains rien.

— La vie...

— Je ne tiens pas à la vie.

— L'honneur...

— Comment prendre l'honneur de celles qui ne tiennent plus à la vie !

— Mais tu as donc bien souffert, Jeannine ? demanda mademoiselle de Maurever, qui se rapprocha d'elle ; autrefois tu étais si heureuse et si joyeuse !

— Autrefois..., répéta Jeannine en laissant échapper un soupir, j'étais une enfant ; les enfants ne savent rien.

— Est-ce que ton cœur a parlé, ma mie ?

— La dernière lettre est tracée ! s'écria Jeannine éludant ainsi la question.

Berthe reporta son regard vers la tente. Les lettres noires formaient les quatre mots de la devise de l'Homme de Fer : A LA PLUS BELLE!

En ce moment, un sourd tumulte se fit dans la plaine bretonne ; on eût dit le bruit d'une lutte qui avait lieu vers la cabane du bonhomme Rémy, l'heureux impresario, en train de faire sa fortune. Des cris et des malédictions s'élevèrent bientôt; les lanternes et les lampions qui entouraient la baraque s'éteignirent : de tous les coins divers où la foule s'était éparpillée, la foule s'élança vers la loge du bonhomme Rémy. Une nouvelle s'était répandue dans l'assemblée avec la rapidité de l'éclair.

Berthe et Jeannine écoutaient et regardaient cette cohue qui se mouvait désordonnément dans l'ombre. La cause du tumulte leur échappait encore; tout à coup, une grande clameur de détresse monta en même temps qu'un nuage d'épaisse fumée.

— Au feu! au feu! cria la foule.

Quelques coups d'arquebuse retentirent. Les hôtes du sire du Dayron, quittant la galerie, se précipitèrent sur la terrasse à l'instant où la flamme, se dégageant violemment de ses langes de fumée, jaillissait en gerbe vers le ciel.

Une seconde fusée, partie de la tente du seigneur des Iles, traça dans l'air sa courbe chevelue et jeta sa cascade d'étoiles.

— Au feu! au feu! au feu! clamait la cohue sur la rive bretonne.

Chacun put remarquer ce fait : la tente royale et la tente ducale éteignirent à la fois leurs fanaux, comme si elles eussent eu honte de paraître. Ne voulant réprimer, elles se voilèrent.

Nous disons réprimer, car l'incendie qui dévorait la pauvre masure était un méfait patent. On avait vu les porteurs de torches, et, pendant que la foule éclatait en cris de détresse, un cercle muet d'hommes couverts d'acier entourait la loge et fermait tout passage aux secours.

Dans la loge, on entendait des plaintes confuses et désespérées.

Sur la terrasse du Dayron, dames et chevaliers s'interrogeaient les uns les autres. Quel démon avait jeté le brandon sur cet humble toit?

Il y avait comme une réponse muette dans le spectacle que présentait la plaine. L'ombre avait envahi les deux rives du Couesnon. Pour regarder l'incendie rouge et voilé de vapeur, il n'y avait plus que la tente du seigneur des Iles, toujours radieuse et vêtue d'étincelles.

A mesure que la cabane brûlait, on apercevait mieux, de la terrasse du Dayron, le cercle d'hommes d'armes qui protégeait l'œuvre de destruction. Les chevaliers n'auraient pas eu le temps de monter à cheval; le feu ne faisait qu'une bouchée

de ces minces planches, et, s'il n'y avait pas eu des
créatures humaines à l'intérieur, c'eût été comme
un feu de joie.

L'incendie jeta son dernier soupir, cette grande
flamme qui bondit au-dessus de la maison à l'agonie, quand la toiture s'abîme. La terrasse du
Dayron s'éclaira vivement à ce coup. On vit entre
Jeannine et Berthe, muettes d'horreur, messire
Olivier, baron d'Harmoy, qui regardait froidement
l'incendie.

Aubry, accoudé contre la balustrade, essuyait
son front baigné de sueur.

— Celui-là sait tout! prononça le sire du Dayron
à voix basse en montrant messire Olivier.

— Le nom? le nom de l'incendiaire? s'écria-t-
on de toutes parts.

Messire Olivier promena sur la noble assemblée
son regard souriant et tranquille.

— Pourquoi le saurais-je mieux que vous ? demanda-t-il.

— Vous le savez, dit madame Reine avec
autorité.

Berthe répéta comme si une voix qui n'était
point la sienne eût parlé au dedans d'elle :

— Vous le savez !

— Je le sais, répondit Olivier, dont le froid sourire prit une expression de sarcasme, mais messire
Aubry de Kergariou le sait comme moi.

— Le nom? le nom? s'écria-t-on en chœur.

— Le comte Otto Béringhem! prononça Aubry tout pâle et avec un frémissement.

— Et pourquoi ce crime lâche et abominable?

Aubry se tut.

— Voilà ce que mon jeune compagnon ne sait pas, dit messire Olivier en rejetant à droite et à gauche les belles boucles de ses cheveux noirs... Le comte Otto ne veut pas qu'on lui désobéisse.

— Et le comte Otto s'attaque à des malheureux sans défense! dit madame Reine avec dédain.

— Il y a dans la plaine de Pontorson, répondit messire Olivier, un roi, un duc et des chevaliers... Malgré les chevaliers, malgré le duc et malgré le roi, le comte Otto a puni ceux-là qui lui avaient désobéi!

Messire Olivier avait, en parlant ainsi, la voix calme et douce. Seulement, son front s'était redressé, tandis que sa prunelle lançait un rapide éclair. Berthe avait les yeux fixés sur lui; Jeannine regardait messire Aubry, qui semblait la fuir.

La cabane du bonhomme Rémy n'était plus déjà qu'un amas de charbon. La lueur du feu jetait à peine quelques sombres reflets à l'acier des armures.

Une troisième fusée déchira la nuit. Quand elle éclata, la tente du seigneur des Iles éteignit comme par enchantement son illumination resplen-

dissante. La plaine entière se plongea dans les ténèbres.

Au milieu de cette obscurité soudainement venue, on put entendre la voix tranquille de messire
Olivier qui disait :

— Demain, il fera jour. Ceux qui blâment le
comte Otto Béringhem ont toute une nuit pour
aiguiser le fer de leurs lances et fourbir leurs
épées.

X

-- Le rendez-vous. --

A la place où naguère s'agitait follement la fête, tout était silencieux et sombre. C'est à peine si la baraque incendiée jetait encore une lueur faible dans cette grande et complète obscurité. La nuit était sans lune; des vapeurs lourdes et chaudes couvraient les étoiles. On entendait le bruit sourd et lointain de la mer qui arrivait à l'embouchure du Couesnon. Les gens de Normandie avaient regagné Beauvoir ou Ardevon; les gens de Bretagne

s'étaient mis en marche pour Saint-Georges ou le
Roz. Pontorson regorgeait : il n'y avait point de
place pour les paysans, dans ses maisons pleines
de gentilshommes, ou tout au moins de bourgeois.

Ceux qui demeuraient trop loin pour retrouver
leur logis s'étaient arrangés comme ils avaient pu
dans une manière de camp, formé de huit ou dix
douzaines de tentes qui s'abritait derrière la ville.

La ville elle-même dormait. Point de fête qui
tienne quand a sonné le couvre-feu. Les fenêtres
de l'hôtel du Dayron, situé hors de l'enceinte,
restèrent éclairées quelque temps encore ; puis
elles cessèrent de briller l'une après l'autre, hormis
une seule, dont les rideaux fermés laissaient passer une lueur.

Dans la plaine, la tente ducale, la tente royale
et le fastueux tabernacle où le comte Otto Béring-
ghem avait donné festin, se taisaient. Il eût fallu
passer tout près de l'une d'elles, pour entendre le
pas des sentinelles qui veillaient alentour.

Un homme rôdait cependant sur la rive bretonne, non loin de la baraque en cendres du pauvre
père Rémy. Cet homme était un vieillard portant
le costume monacal.

— Dix heures et puis une, disait-il en cheminant avec peine, cela fait onze maintenant comme
autrefois. Et il y a longtemps que je ne m'étais vu
hors de mon lit à pareille heure !

— Quand tu répéteras cela vingt fois! s'interrompit-il en haussant les épaules.

— Ne te fâche pas, ne te fâche pas, je ne le répéterai plus!

Frère Bruno s'arrêta tout en face de la cabane incendiée et baissa la voix pour dire en soupirant :

— Ah! quel caractère!

Le fait est qu'il n'y avait plus moyen de discuter : au moindre mot, il s'emportait!

Frère Bruno resta un instant appuyé sur son bâton. Il regardait d'un air triste le petit tas de cendres et de charbons presque éteints.

— Au mois d'août de l'an soixante-neuf, murmura-t-il en secouant sa tête, sur laquelle il avait prudemment ramené son froc, à cause de l'humidité de la nuit, le pauvre nain Fier-à-Bras, surnommé l'Araignoire parce qu'il avait les cheveux hérissés, mourut brûlé avec le père Rémy, du bourg de Tinténiac, et un homme de Jersey, qui avait six pieds de haut. Ce fut l'Ogre maudit qui mit le feu à leur baraque; car ils étaient dans une baraque où ils jouaient des farces et soties, ce qui ne doit point être une préparation bonne pour paraître devant Dieu. Le nain Fier-à-Bras s'appelait, de son vrai nom, Perrin Boireau : il était né pour rire, bouffon ou fou de messire de Coëtquen, seigneur de Combourg. Il avait plus d'esprit qu'il n'était gros et mangeait volontiers des tourtes du

village d'Ardevon, lesquelles sont en vérité tendres
et bien faites.

Frère Bruno ayant prononcé à haute voix cette
oraison funèbre, pour les besoins de son répertoire
de bonnes aventures, poussa un gros soupir. Pendant qu'il soupirait, un bruit léger se fit entendre
dans la nuit. Pauvre Fier-à-Bras! son petit corps
et sa grosse tête chevelue ne devaient plus réjouir
au dessert les hôtes du sire de Combourg. Personne
n'avait pu s'échapper de la loge condamnée, autour
de laquelle, tant qu'avait duré l'incendie, un cor-
don serré de soudards avait veillé l'estoc au poing.
Mais, si l'esprit du nain revenait sur terre, il devait
rire dans la brise des nuits. Ce bruit qui se faisait
entendre ressemblait au rire sec et strident du
nain. C'était peut-être l'esprit du nain qui passait
avec le vent du large.

Frère Bruno poursuivit son chemin; il allait
vers le pont.

— Je ne sais pas si j'ai jamais vu une nuit plus
noire, dit-il.

— Voilà, enfin, un mot de vrai! répliqua la partie batailleuse et maussade de son individu; ce
n'est pas malheureux!

— Mon Dieu! mon cher enfant, reprit frère
Bruno avec douceur, quand je me trompe, c'est de
bonne foi. La nuit est noire, je le dis .. et maintenant que je me souviens, j'en ai vu de plus noires...

— Bon! bon! s'écria frère Bruno méchant, j'étais sûr que le vieux fou se repentirait de sa parole véridique!

Frère Bruno s'arrêta tout court. Il croisa ses bras sur sa poitrine.

— Mon ami, dit-il, je te donne l'exemple; je retiens un mot un peu vif qui allait m'échapper. Crois-tu que tu n'aies pas, toi aussi, tes défauts et tes ridicules? Tu serais donc le seul! Tu bavardes, tu bavardes... Tiens! Javotte de chez les Maure-ver, ta nièce... Et que celle-là est une grosse jouf-flue! Javotte te l'a dit : on t'appelle Bruno la Bavette... Certes, ce n'est pas bien de donner des sobriquets aux gens d'église... mais les gens d'église ont tort de les mériter, voilà tout.

Il trébucha contre une pierre et faillit tomber tout de son long. Pour le coup, il se prit à rire.

— Ah! ah! ah! s'écria-t-il, l'aventure est bonne, mon cousin! Pendant que tu m'accuses d'être ba-vard, tu bavardes tant et si bien, que tu te casses le nez. On voit la paille dans l'œil du voisin, on ne voit pas dans le sien la poutre! Bryot, le bègue de Saint-Léonard en Tréguier, me disait toujours que je n'avais pas la langue bien pendue. Melaine Chres-tien, qui jouait du serpent à l'abbatiale de Fou-gères et qui était ivrogne endurci, conseillait aux plus sobres de ne point tant boire. La femme du-dit Melaine accoucha une fois de deux enfants

jumeaux, un garçon et une fille. La fille fut sœur
converse à la Madeleine : le fils tourna de ce côté :
on le pendit à Vannes en soixante et un, voilà huit
ans de cela. Il avait un soir coupé la bourse de
Jean Riboust, le gros tanneur de Redon, et il y
avait dans la bourse...

— La ! la ! s'interrompit frère Bruno ; ta voix
s'enroue, mon camarade ! Repose-toi ; tu n'as plus
la langue de quinze ans !

Il arrivait à la tête du pont. Le Couesnon, un
bavard aussi, babillait sur les galets de son lit.
Frère Bruno releva son froc et fit effort pour
percer les ténèbres. Il n'y avait personne sur le
pont.

— Si le petit Jeannin me fait croquer le marmot
ici, pensa le bonhomme, je lui dirai mon avis. Du
diable si je courrais la prétantaine par une nuit
semblable pour un autre que lui. Je sens venir
l'orage ; dans une heure, il va éclater ; dans une
autre heure, pleuvoir et tonner... Ce qu'on va penser au couvent, je vous le demande !...

— Parbleu ! on pensera ce qu'on voudra, n'est-
ce pas ?

— Sans doute ; je dis seulement qu'on s'étonnera
de notre absence.

— Moi, je m'en bats l'œil !

— Toi, tu n'as pas la gravité qui convient à ton
âge. Un religieux ne doit point parler comme un

soldat... Je sais bien que ce n'est pas une affaire :
Jérôme me remplacera bien pour une nuit.

— Et pour deux aussi, par ma foi!

— Savoir...

— Et pour trois!... si tu crois que tu es utile
au couvent!

— Aussi utile que toi, mon ami... Saperbleu!
tu me fais jurer!

— Jure, vieux pêcheur!

Frère Bruno frappa du pied et ferma les poings.

— Il y aurait de quoi, s'écria-t-il avec une véritable colère, il y aurait de quoi se jeter à l'eau.

— Eh bien, nous sommes sur le pont! jette-
toi, jette-toi! je t'en défie!

Le spectre de Fier-à-Bras ne devait pas être bien
loin, car un éclat de rire grinça aux oreilles de
frère Bruno. En même temps, la voix de Jeannin
s'éleva vers l'autre bout du pont.

— Est ce vous, mon digne frère? demanda-t-
elle.

— C'est moi, répondit le moine convers ; mais
où diable pêches-tu la gaieté par cette triste nuit,
petit Jeannin?

Le premier éclair entr'ouvrit la nue et montra
le visage du bon écuyer, qui, certes, n'était point
trop joyeux.

— La gaieté?... répéta-t-il sans comprendre.

— Ne l'ai-je pas entendu rire?

— Non, mon frère; je croyais que c'était vous ou votre compagnon.

— Mon compagnon? répéta frère Bruno à son tour. Bien, bien, petit Jeannin! s'interrompit-il un peu confus; je sais ce que tu veux dire. Quand je chemine seul, la nuit, j'ai coutume de réciter tout haut mes patenôtres.

— J'ai ouï parler, insista Jeannin, et j'ai ouï répondre.

— Bien, bien! j'y suis! Tu as raison : je change de ton à chaque verset comme on fait au chœur. Arrivons au fait, je te prie, et ne perdons pas un temps précieux en paroles inutiles. T'ai-je raconté jamais, petit Jeannin, la bonne aventure du malandrin Pierre d'Acigné, qui détroussa sur ce pont même où nous sommes dom Vincent, prieur des bénédictins de Cancale? Il ne faisait pas encore nuit close, et dom Vincent venait tranquillement sur sa mule...

Jeannin lui serra fortement le bras.

— Avez-vous confiance en moi, mon frère? demanda-t-il.

— Presque autant que si tu étais d'Église ou gentilhomme, mon petit Jeannin, répondit Bruno sans hésiter.

— Ce n'est pas assez, dit l'homme d'armes.

— Eh bien, répliqua encore Bruno, une fois plus que si tu étais noble ou d'Église. Es-tu content?

Jeannin lui lâcha le bras et passa le revers de sa main sur son front.

— Non, murmura-t-il, je ne suis pas content et ce n'est pas assez.

— Que te faut-il?

— Il me faut la confiance qu'on a pour son frère ou pour son père.

Bruno se gratta l'oreille.

— Je te connais depuis du temps, Jeannin, dit-il après un silence; c'est moi qui te montrai à jouer des deux bras comme un homme, là-bas, au siége de Tombelène... Te souviens-tu? je t'appelais Peau de Mouton... Apprends-moi ce que tu veux, et je ferai mon possible.

— Ce que je veux, mon frère Bruno, je ne le sais pas encore bien moi-même. Ma tête travaille depuis hier, mais elle n'est pas habituée à cela; elle va lentement à la besogne. Répondez-moi d'abord franchement : Êtes-vous pour la Bretagne ou pour la France?

— Est-ce que la France et la Bretagne sont en guerre? Si elles sont en guerre, saint Dieu! que devient mon mariage entre le dauphin Charles et la jeune duchesse Anne?

— Mon frère, on aura le loisir de faire la paix... Pour qui êtes-vous? pour le duc ou pour le roi?

— Je suis pour les bons hommes, mon fils... Saperjeu! allons-nous voir courir les lances? Les canons de Saint-Michel, qui lancent des boulets de pierre, vont-ils gronder? Dieu commande d'aimer la paix ; mais Moïse et Josué ont fait la guerre, oui, bien, par l'ordre du Très-Haut. On bat les étangs pour purifier l'eau ; sans la lance et sans l'épée, le monde se mourrait d'apoplexie. Vive Jésus! je rajeunis de vingt ans à penser que les bannières vont flotter au soleil!...

— Vous ne m'avez pas répondu, mon frère, interrompit Jeannin.

— Eh bien, le sais-je, moi, pour qui je suis? s'écria le moine bonnement. Le mont Saint-Michel est en France, mais si peu! Nous mangeons les pommes de Bretagne. Quant à la question de patrie, je suis né sur la rivière du Couesnon, qui n'est ni ceci ni cela : ma mère avait un pied au pays des ducs, un pied sur la terre du roi. Si mon cœur est breton, ma race est française. Je te dis, petit Jeannin, Noël pour les bonnes gens! voilà ma devise.

L'écuyer de madame Reine écoutait ce bavardage avec une attention grave.

— Alors, dit-il, mon frère, vous n'avez point d'attachement personnel pour le roi?

— Le roi est mon prochain.

— Point de répugnance particulière pour le duc?

— Le duc est mon prochain.

— Si le duc voulait assassiner le roi...

— Vrai Dieu! interrompit l'honnête moine convers, je défendrais le roi!

— Mon frère, dit Jeannin en lui posant sa large
main sur l'épaule, voulez-vous m'aider à défendre
le duc que le roi veut assassiner?

Bruno se recula ébahi.

— Et le mariage!... balbutia-t-il, car cette idée
ne voulait point sortir de son esprit; je commence
à croire que le compère Gillot, de Tours en Touraine, n'a pas joué franc jeu. Le mariage était ar-
rangé. Pourquoi les deux beaux-pères veulent-ils
s'entr'assassiner maintenant?

Jeannin n'eut garde de relever la hardiesse de
cette expression, « les deux beaux-pères, » appli-
quée à Louis XI et à François de Bretagne, à l'occasion de ces fameuses fiançailles que la moindre
fausse-couche pouvait rompre. Il répéta sa question patiemment.

— Mon petit Jeannin, répondit Bruno cette
fois, si nous défendons le duc, te fera-t-on chevalier?

— Je ne sais, mon frère.

— Voilà ce qu'il faut savoir. Fier-à-Bras, la
pauvre créature... quand on pense qu'il riait de si
bon cœur ce matin!... As-tu vu cet homme de
Jersey le dévorer, toi? Ce devait être un spectacle
curieux... Dieu ait son âme, car il avait une âme,

malgré l'exiguïté de son corps... Fier-à-Bras donc, la pauvre créature, me disait hier ces propres paroles : « Si Jeannin n'est pas chevalier, sa fille mourra. » Le fallot avait du bon sens, et les sages pouvaient profiter parfois à son entretien. Je ne comprends pas bien pourquoi ta fillette mourrait si tu n'étais pas chevalier, ami Jeannin, mais, vive Jésus ! je l'ai vue cejourd'hui sur la terrasse du Dayron ; elle m'a envoyé de loin un gentil baiser avec un bon sourire : je ne veux pas qu'elle meure !

L'écuyer de madame Reine avait courbé la tête. Sans la nuit noire, le moine convers aurait surpris une larme qui brillait dans ses yeux.

— Jeannine ne mourra pas, mon frère, murmura-t-il ; pourquoi Dieu enlèverait-il à un pauvre homme sa dernière joie ? Fier-à-Bras avait du bon sens, comme vous le dites ; mais il parlait souvent à tort et à travers.

Ils tressaillirent tous deux, accoudés qu'ils étaient au pont. Une voix qui semblait sortir de dessous l'arche, confondue avec le murmure de l'eau sur les galets, prononça distinctement ces deux mots :

— Tu mens !

Le moine et l'écuyer gardèrent un instant le silence.

— Je l'avais déjà entendu rire là-bas, murmura

Bruno; son âme est peut-être en peine, et tu as parlé un peu légèrement d'un mort, ami Jeannin... Désormais, si tu m'en crois, nous gagnerons chacun notre gîte; je n'aimerais pas à causer plus longtemps en ce lieu.

Jeannin l'arrêta au moment où il s'éloignait déjà.

— Mon frère, dit-il d'une voix ferme, nous nous séparerons quand j'aurai votre parole. Puisque vous n'aimez pas le roi plus que le duc, défendez le duc comme vous auriez défendu le roi...

— Écoute, fit le moine, qui prêtait l'oreille; n'a-t-il point encore parlé ici près?... Il y a des âmes qui volent dans l'air, d'autres qui nagent en suivant le fil de l'eau. Je promets que Fier-à-Bras aura ce qu'il lui faut de prières.

— Merci! fit la voix mystérieuse comme un lointain écho.

Les dents du bon moine claquèrent.

— Le soir de la fête, grommela-t-il pourtant, ce même jour du mois d'août en l'an soixante-neuf, la voix du nain décédé qui sort de l'arche et qui dit la première fois : *Tu mens!* la seconde fois : *Merci!*...

« Cela me rappelle, ajouta-t-il tout haut et passant son bras un peu tremblant sous celui de Jeannin, l'aventure de Fifi Thual, qui revint battre sa femme en quarante-deux, à l'heure où il avait coutume de la battre de son vivant... et aussi

l'aventure de Su
en Normandie. Su
le champ de Guyot
fut au commencement de septembre qu'on la mit
au cimetière. Les trois gerbes étaient encore dans
la grange de Samuel Mignot, mari de feu Suzon.
Ce Samuel était soupçonné de juiverie, et j'ai ouï
dire une fois au diacre de Saint-Nicolas que le père
de Samuel faisait le sabbat, avec bien d'autres,
dans la ferme abandonnée qui est au bord de la
grève, devant le bourg... Donc les trois gerbes...
non... c'est Suzon Mignot... mais si fait, je
dis bien, les trois gerbes qui restaient dans la
grange... »

— Bavard! bavard! bavard! prononça par trois
fois sous l'arche la voix mystérieuse.

Le moine se tut, mais ce fut pour ajouter aussitôt :

— Bavarder n'est pas mon péché mignon... pour
une fois que j'ai bavardé, si j'ai bavardé, eh bien,
je ferai pénitence.

« Jeannin, mon ami, se reprit-il, que cet
exemple te profite : tu es enclin à parler longue-
ment. Dis-moi en peu de paroles ce qu'un pauvre
vieux moine convers peut faire pour ton duc
François. »

Le bon écuyer ne demandait pas mieux que d'être
bref.

— Vous m'avez dit, mon frère, répondit-il, que vous étiez comme les deux doigts de la main avec Guy Legriel, premier sergent des archers de la communauté.

— J'ai dit la vérité.

— Par vous et par lui, continua Jeannin, pourriez-vous faire qu'une demi-douzaine de bons compagnons comme moi eussent l'entrée dans l'enceinte du couvent ?

— Tu n'as pas besoin de moi pour entrer, petit Jeannin ; la porte est tous les jours ouverte.

— Les bons compagnons dont je vous parle, répliqua Jeannin en baissant la voix, seraient armés...

— Voire ! interrompit Bruno, veux-tu me faire finir mes jours dans l'*in-pace ?*... Des gens armés au couvent ! *Benedicamus Domino !* Legriel n'y peut rien, le bon camarade qui est à jeun chaque matin jusqu'à l'heure de son lever. Qui accuserait-on ? le tourier. Connais-tu les cachots, petit Jeannin ? Celui où messire Aubry, le père de ton élève, fut enfermé vers l'an cinquante, est libre et vacant. Six pieds cubiques taillés au vif du roc ! On a de quoi se retourner, j'espère ! Nenni, nenni, mon homme ! Tu en as assez dit : je te dispense du reste !

— S'il vous plaisait m'écouter..., insista Jeannin.

— Point, point, cela ne me plaît pas. On m'a

promis un lit dans la tente du gruyer, qui est dressée là-bas au bord de la rivière. J'y devrais être déjà. Bonsoir, petit Jeannin, et bonne nuit !

Le brave écuyer ne répondit pas. Il s'assit sur le parapet du pont et mit sa tête entre ses mains. Frère Bruno descendit jusqu'à la berge et se prit à cheminer au bord de l'eau, le long des buissons de saules blancs et d'aunes. En cheminant, vous pensez bien qu'il causait avec lui-même.

— Peur ? se disait-il ; de quoi aurais-tu peur ?

— Qui te parle d'avoir peur ?

— Je te sens, parbleu ! mon cousin... Tu trem-blotes comme un vieux fou !

— Devisons d'autre chose. Bertrand Duguesclin eut peur une fois en sa vie... As-tu vu ce Jeannin ? Le roi, le duc ! Que me fait le duc ? Je suis sujet du roi, et je suis chargé d'un poste de confiance. Si le roi et le duc ont des affaires ensemble...

Le feuillage des aunes s'agita tout auprès de lui.

— Le roi s'est moqué de toi ! dit cette voix aigrelette et contenue qui naguère s'était fait entendre sous l'arche.

Frère Bruno pressa le pas. Mais l'agitation des saules blancs et des aunes semblait le suivre. On eût dit que tous ces buissons avaient la fièvre sur son passage. Le frisson se communiquait de l'un à l'autre, et les touffes de feuillage frémissaient à tour de rôle. Pas un souffle de vent dans l'air. Le

tonnerre grondait au lointain, et les éclairs embra-
saient l'horizon à de longs intervalles, du côté de
la haute mer.

Frère Bruno ne parlait plus, mais il pensait :

— Pourvu que j'arrive à la tente du gruyer
avant l'orage !

— Tu n'y arriveras pas! prononça la voix, qui
répondait à sa pensée.

Et de la feuillée frémissante ce refrain monotone
incessamment sortait :

— Le roi s'est moqué de toi! le roi s'est moqué
de toi !

XI

Le lutin.

La patience n'était pas le vice dominant de frère Bruno.

— *Vade retro!* s'écria-t-il enfin, sans ralentir le pas; j'ai eu peur, c'est vrai, mais je donne mon âme à Dieu et je te provoque, esprit, fantôme ou démon!

L'esprit, le fantôme ou le démon répondit :

— Le roi s'est moqué de toi!

— Tu en as menti! répliqua frère Bruno! je ne connais pas le roi.

— Connais-tu maître Pierre Gillot, de Tours en Touraine? demanda la mystérieuse voix.

Frère Bruno resta un pied en l'air, malgré sa goutte. Un trait de lumière le frappait.

— Saint Dieu! grommela-t-il, est-ce que c'est possible?

— Maître Gillot est le roi, reprit la voix; le roi est venu pour assassiner le duc de Bretagne ou tout au moins le tenir captif par trahison... et c'est le roi que tu as envoyé à Jeannin l'écuyer, au manoir du Roz.

— Est-ce possible? est-ce possible? répétait le moine convers.

Il se recueillit et fit cet important travail:

— En l'an soixante-neuf... voilà une année fertile en bonnes aventures!... en l'an soixante-neuf, Pierre Gillot, de Tours en Touraine, qui monte à ma cellule et me conte des histoires à dormir debout... Mariage du dauphin en projet et de la duchesse en semis... Je donne là-dedans, vieil innocent que je suis... Pierre Gillot me tire les vers du nez et me fait nommer portier... Pierre Gillot était le roi de France!

« Merci Dieu! voici la pluie! s'interrompit-il. Spectre! je sais bien que tu es l'âme de Fier-à-Bras l'Araignoire. »

— On ne peut rien vous cacher, mon frère! dit la voix, qui s'étouffait dans un éclat de rire.

— Les défunts ont-ils donc tant de gaieté? grom-
nela Bruno pris d'un doute.

— Quand ils furent d'un caractère joyeux en ce
monde mortel, mon frère.

— Ceci paraît plausible, fit le moine; veux-tu
les prières?

— A l'occasion. Une prière n'est jamais de trop.

— Tu en auras... Que Dieu te garde!

— Restez, s'il vous plaît, mon frère; je veux
encore autre chose.

Les gouttes de pluie tombaient, larges comme
des écus.

— Dis ce qu'il te faut! s'écria le moine avec
impatience.

— L'entrée du couvent pour mon ancien compère Jeannin et ses hommes d'armes.

— Impossible!

A peine ce mot était-il prononcé, qu'un éclair fit
le jour dans la plaine. Quelque chose bondit hors
du buisson de saules en poussant un cri bizarre et
inhumain. Le pauvre frère perdit le souffle. Le
quelque chose était sur sa nuque, et deux objets,
qu'on pouvait prendre pour des jambes, lui ser-
raient le cou vigoureusement.

En général, les esprits n'ont point de jambes.
Mais, au fond, sait-on bien précisément les choses
de l'autre monde?

Frère Bruno chancela; ses genoux fléchirent;

il se prosterna la face contre terre. En cette position, les deux jambes posaient commodément leurs
pieds sur le sol.

— *Vade retro!* balbutia-t-il. Ah! coquin! tu
m'étrangles!... Grâce, mon petit ami! nous étions
compères de ton vivant!... Vas-tu me lâcher,
vampire!... Cinquante messes, si tu veux, mon
mignon, et autant de rosaires pour ton salut éter-
nel!

Le quelque chose le prit par sa dernière mèche
en façon de licou et se mit à faire le mouvement
d'un cavalier qui trotte.

— Scélérat! damné! succube infernal! criait le
malheureux Bruno; ah! je me souviendrai longtemps de cette aventure!... Mon digne petit compagnon, que t'ai-je fait?

— Hue! cria le lutin; au trot! au galop! hue!
hue!...

— Pitié! râla Bruno, dont la langue pendait.

— Bois la pluie pour te remettre! répliqua le
farfadet cruel. Feras-tu ce que veut Jeannin?

— Je ne puis.

— Alors, j'irai chaque nuit te rendre visite en
ta cellule.

— Merci de moi!...

— Ou plutôt, je vais dire un mot au tonnerre...

Un éclat de foudre fit trembler l'atmosphère et
le sol.

— Miséricorde! miséricorde! s'écria frère Bruno affolé, je ferai tout ce que tu voudras, mon cher petit ami!

Il sentit son cou subitement dégagé. Il se releva. Son regard timide chercha tout alentour, et Dieu sait que les éclairs ne manquaient point pour aider sa recherche. Il n'y avait personne auprès de lui. Un instant il pensa qu'il avait été le jouet d'un cauchemar. Mais, au dernier éclair, le buisson de saules s'agita comme si une main robuste l'eût secoué furieusement, et la voix fantastique s'éleva de nouveau.

— Je vais annoncer au bon écuyer Jeannin, dit-elle, que tu l'attends avec ses hommes d'armes.

— C'est convenu, répliqua le moine; que Dieu me protége!

— Au revoir!

Frère Bruno reprit sa course. Quand il eut fait une centaine de pas sous la pluie, il se retourna, les poings fermés, et menaça le vide.

— Que Dieu me protége, répéta-t-il, et que le diable t'emporte avec ton bon écuyer Jeannin!... En soixante-neuf, les saules blancs du Couesnon qui s'agitaient tout seuls, et l'âme de Fier-à-Bras l'Araignoire qui me sauta à califourchon sur le cou, pendant que le tonnerre faisait rage et que la pluie tombait à torrents... Mauvaise histoire!... et ce qui s'ensuivra, mon patron le sait!

Il arriva à la tente du gruyer traversé jusqu'aux os. Il se mit au lit sans conter aucune bonne aventure à son hôte. En se couchant, il trouva moyen de décharger sa mauvaise humeur sur quelqu'un.

— C'est ta faute, dit-il.

— Je t'attendais là! Quand les choses tournent mal, c'est toujours ma faute, n'est-ce pas?

— On ne donne pas des rendez-vous aux soudards à dix heures de nuit...

— Tu peux bien dire onze heures!

— Raison de plus! Tu as ce que tu mérites!

— Mon cher garçon, réfléchis que nous avions toute confiance en ce Jeannin...

— Parle pour toi!

— Sois juste une fois en ta vie, et tu conviendras...

— Allons, la paix! s'interrompit le moine convers avec rudesse; n'ajoute pas à tes torts en les contestant... Couche-toi sans souffler et fais le mort!

Que faire contre ces tyrans domestiques qui n'admettent pas la discussion? Se soumettre. Frère Bruno étouffa un murmure et se coucha. Il dormit comme un juste qu'il était, rêvant qu'on le mettait en paradis et que le paradis était une maison immense, toute pleine d'oreilles incessamment avides d'entendre conter de bonnes histoires.

Jeannin était resté sur le pont tout pensif. Son
plan lui avait coûté beaucoup de travail; il le
jugeait excellent, mais voilà que tout cet édifice,
péniblement construit, manquait par la base.
C'était à recommencer. Il y avait à la tête du pont
un bouquet de vieux peupliers bien branchus;
quand la pluie vint, Jeannin se mit à couvert sous
les arbres.

Il discutait en vérité avec lui-même comme s'il
eût été frère Bruno la Bavette.

— Ces choses sont au-dessus de ma portée, se
disait-il; qu'ai-je à faire en ce monde, sinon à
garder la veuve de mon maître et son noble héritier? La Bretagne est trop grande; c'est tout au
plus si je saurai défendre notre petit manoir du
Roz... Malheureux que je suis! Ai-je su défendre
ma fille chérie contre la tristesse qui efface les
belles couleurs de sa joue?... Les princes ont des
conseillers et des capitaines. Jeannin! Jeannin!
ne songe qu'à ceux que tu aimes!

— Jeannin! Jeannin! dit tout auprès de lui une
voix bien connue, songe à la pluie qui tombe et au
rhume que tu vas gagner!

Le bon écuyer se leva tout droit.

— Songe, reprit la voix, que les peupliers attirent la foudre, et viens avec moi dans mon réduit.

— Fier-à-Bras! balbutia Jeannin, qui avait re-

connu le petit homme à la lueur des éclairs ; veux-
tu donc m'entraîner en l'autre monde ?

Le nain fit une gambade et se mit à rire.

— Es-tu aussi simple que le pauvre frère Bruno ?
s'écria-t-il ; en voilà un à qui j'ai fait une belle
peur !... Viens avec moi, Jeannin, mon ami, et je
te dirai comment rendre les fraîches couleurs aux
joues de ta chère fille.

Jeannin hésitait. Il se signa.

— Te faut-il la preuve que je suis un homme de
chair et d'os comme toi ? reprit Fier à Bras ; sois
donc convaincu !

Il se baissa un petit peu, presque pas, et l'écuyer
porta la main à son mollet en laissant échapper
un cri.

Fier-à-Bras l'avait pincé jusqu'au sang.

— Tu es en vie, coquinet, dit Jeannin avec un
véritable élan de joie ; tant mieux ! J'ai fait ce que
j'ai pu pour arriver jusqu'à toi ; mais j'avais un
pourpoint de laine, et ces mécréants étaient armés
de toutes pièces.

— Je t'ai vu, répliqua le nain, et je te dis grand
merci, mon compère. Dans toute cette foule, il n'y
a eu que toi pour dégaîner en ma faveur... Ah ! si
seulement cette sotte pluie qui tombe à verse
maintenant avait avancé de deux heures, le bonhomme Rémy ne serait pas rôti et je pourrais
faire valoir contre lui ma créance... C'est trente

sols tournois que je perds à ce jeu-là, c'est-à-dire
quinze tourtes d'Ardevon !

Il avait pris l'écuyer par la manche et l'attirait
vers le cours du Couesnon. Tout en marchant, il
continuait :

— La pluie perce déjà le feuillage des peupliers,
et je ne veux pas gâter mes chausses neuves ; mon
manteau a été brûlé avec le père Rémy et le grand
idiot de Jersey... Tu dis bien, mon ami Jeannin ;
tant mieux que je vive ! tant mieux pour moi ! tant
mieux pour toi ! tant mieux pour Coëtquen, mon
maître ! tant mieux pour la sainte femme Lequien,
qui met au four les bonnes tourtes d'Ardevon ! tant
mieux pour la Bretagne, qui me possède ! tant
mieux pour la France, qui possédera la Bretagne !
tant mieux pour l'Europe ! tant mieux pour l'univers !

— La ! s'interrompit-il en tournant court sous
la première arche du pont ; la mer baisse tout
exprès pour nous, et nous serons ici comme dans
notre chambre. J'ai dormi plus d'une fois en ce
lieu ; seulement, il ne faut pas avoir le sommeil trop
dur, car le flux vient sans crier gare ! Assieds-toi
là, mon ami Jeannin : nous allons causer raison
comme si tu étais un homme de sens.

Sous l'arche, du côté du rivage, il y avait un
enfoncement en forme de niche. Dans la niche, on
avait mis une grosse pierre qui pouvait servir de

siége. Jeannin s'assit; Fier à Bras se mit sans façon sur ses genoux.

— Écoute le vent siffler et la pluie tomber, dit-il; ici, nous nous moquons de la pluie et du vent.

— Que me parlais-tu de ma fille?... commença Jeannin.

— Bon! bon! tu vas trop vite... Chaque chose aura son temps... Dis-moi ce que tu as fait aujourd'hui.

— J'ai songé...

— Creux! J'aime mieux ton bras que ta cervelle. Moi qui suis un penseur et un philosophe, je puis bien passer mon temps à songer; toi, tu as bons yeux et bon poignet : regarde et agis.

— J'ai beau regarder, mon pauvre Fier-à-Bras.

— Tu ne vois rien, n'est-ce pas?

— Rien de bon!... Et pour ce qui est d'agir...

— Tu ne sais par quel bout t'y prendre? Ah! ah! si j'étais mort, tu serais un homme perdu!... Que s'est-il passé à l'hôtel du Dayron depuis ce matin?

— On a festoyé, on a ri, on a dansé.

— Y étais-tu?

— Non.

— Que n'y étais-je, moi! On a dû remarquer mon absence. L'appât du gain et des tourtes m'avait entraîné : je suis puni... L'Homme de Fer était ce soir à l'hôtel du Dayron.

— L'Homme de Fer! répéta Jeannin.

— L'Homme de Fer trouve ta fille très-belle,
reprit Fier-à-Bras.

Jeannin serra involontairement la poignée de sa
dague.

— Tu es fort, continua le nain tranquillement,
mais celui-là est plus fort que toi... L'ermite a dit
qu'il serait tué par une femme. Pourquoi? parce
qu'aucun homme ne pourrait le tuer. Je n'ai pas
pu tout voir à cause du rôle que je jouais dans
la baraque du vieux Rémy; mais j'ai aperçu ta fille
sur la terrasse avec Berthe de Maurever... Le comte
Otto la trouve aussi très-belle, cette Berthe.

— Vrai Dieu! s'écria Jeannin, c'est la fiancée de
mon jeune seigneur!

— Ne t'occupe pas d'elle plus que ton jeune
seigneur lui-même... J'ai vu encore madame Reine
qui te cherchait des yeux dans la foule... Si j'avais
pu quitter la loge et me glisser à l'hôtel du Dayron,
ne fût-ce que pour dix minutes, je t'en dirais plus
long. Mais il fallait exécuter loyalement mon con-
trat avec ce bonhomme Rémy, qui s'est fait griller
pour ne point payer sa dette. Je n'ai vu les choses
que de loin... Ce que je puis te dire en toute sûreté
de conscience, c'est que ton messire Aubry est
damné aux trois quarts.

— Quand tu parles de messire Aubry ou de
madame Reine, interrompit Jeannin sévèrement,
garde-toi de perdre le respect!

— J'ai bien perdu trente sols tournois auxquels je tenais plus qu'à tout le respect du monde ! Puisque tu ne veux point le savoir, je ne te dirai pas que j'ai vu messire Aubry chevaucher côte à côte avec le diable... Ah ! ah ! mon ami Jeannin, il est grand temps que tu sois chevalier !

— Explique-toi.

— Que nenni ! L'explication serait peu respectueuse pour ton jeune maître. Je suis gentilhomme et j'ai le droit d'avoir ces préférences : je donnerais pour notre belle Jeannine messire Aubry, madame Reine et la Berthe de Maurever par-dessus le marché. J'ai idée parfois que je l'aime autant que mes tourtes, notre belle Jeannine ! Pasques-Dieu ! comme dit mon cousin le roi de France, l'ermite l'a appelée noble dame, et l'ermite ne parle pas au hasard...

Jeannin le prit par les deux épaules et le regarda en face.

— Messire Aubry aurait-il commis quelque faute grave ? demanda-t-il.

— La faute que commet le papillon de nuit en mettant son aile trop près de la mèche, répondit le nain.

— Court-il un danger que je puisse lui épargner ?

— Il court le danger des fous sur les ponts où il n'y a point de parapet.

— Au nom de Dieu! dit Jeannin pour la seconde fois, explique-toi.

Mais le nain disait et faisait ce qu'il voulait, rien de plus.

— Tout à l'heure, fit-il comme s'il se fût parlé à lui-même, pendant que nous étions sous les peupliers, je regardais la façade de l'hôtel du Dayron. Toutes les fenêtres étaient noires, hormis une seule. Sur les blancs rideaux de celle-là j'ai vu deux silhouettes se détacher : le profil hautain de Berthe et le gentil profil de Jeannine...

— Berthe de Maurever, interrompit l'écuyer, daigne porter à ma fille une affection qui nous honore.

— Et qui me fait l'aimer un petit peu, ajouta le nain, bien qu'elle soit la nièce de dame Josèphe de la Croix-Mauduit, qui m'a fait chasser de son hôtel par son vieil écuyer... Sais-tu, Jeannin? si tu ne deviens pas chevalier, tu ressembleras sur tes vieux jours à l'écuyer de dame Josèphe, lequel rit encore moins souvent que madame Reine... Mais pourquoi cette chambre aux rideaux blancs reste-t-elle éclairée quand toutes les autres lumières sont éteintes? Et pourquoi les deux jeunes filles veillent-elles quand tout le monde dort?

— Oui, pourquoi? répéta Jeannin, qui ouvrit ses deux oreilles.

— Voilà! dit Fier à-Bras, nous saurons cela un

jour ou l'autre, si Dieu nous prête vie... Mais tu
n'es guère curieux, mon oncle! Tu ne m'as pas
seulement demandé comment j'avais échappé
au feu de l'Ogre des Iles. Les miracles sont-ils si
communs qu'on ne tourne point la tête pour les
voir?

— C'est donc par miracle que tu as été épargné,
petit homme?

— Je te fais juge. J'avais été dévoré déjà je ne
sais combien de fois et j'étais harassé de fatigue...
Entre parenthèses, je parie que tu ne sais pas
comment fait un balourd pour dévorer un gentilhomme?

— Non, assurément.

— C'est curieux. Ce père Rémy était un vieux
coquin de mérite. Il avait inventé cela. Figure-toi
que le pauvre grand Jersyâs, quand la baraque
était bien pleine, revêtait une dalmatique de chevalier, longue, large et maintenue sur la poitrine
par une légère armature en fil de fer. L'armature
faisait bâiller le devant de la dalmatique sous le
menton du Jersyâs. Pendant qu'il manœuvrait ses
énormes dents postiches, je me plongeais dans sa
barbe d'étoupe, et je disparaissais petit à petit entre
la dalmatique ballonnée et la peau du malheureux
insulaire. Les spectateurs avaient la chair de poule;
on n'entendait que des sanglots dans la baraque :
ils s'amusaient pour leur argent, va!... Tu me

diras : « Ce n'est pas tout d'avaler un gentilhomme,
il faut en faire la digestion. » Nous allons y venir.
Entre les jambes du Jersyâs, il y avait un sac de
cuir suspendu par des courroies attachées autour
de ses reins. J'arrivais tout essoufflé dans le sac ;
car je peinais beaucoup en passant au travers de
sa barbe d'étoupe. Le corps, ce n'était rien ; mais
la tête, je l'ai grosse pour pouvoir loger toute ma
cervelle ; la tête, c'était le diable ! Si tu veux te
mettre à ma place, tu comprendras qu'on n'était
pas très-commodément dans le sac de cuir pour
reprendre haleine. Je ne gardais mon courage
qu'en songeant au four de dame Lequien, où cui-
saient mes quinze tourtes d'Ardevon.

Ici, le nain poussa un profond soupir. Jeannin
écoutait bouche béante. Il y avait en lui de l'enfant, malgré son honnête gravité : il se croyait à la
veillée.

— Enfin, reprit Fier-à-Bras, il me viendra
peut-être quelque aubaine. Je restais dans le sac
de cuir jusqu'au moment où le géant prenait sa
massue pour se défendre contre les chevaliers
français et bretons qui venaient l'attaquer. C'était
la crise. Le géant, obligé de bondir et de faire
toutes sortes de contorsions avant de recevoir le
coup de la mort, ne pouvait pas me garder entre
ses jambes.

— Dans votre mystère, interrompit Jeannin.

les chevaliers de France et de Bretagne mettaient
donc à mort l'Homme de Fer?

— Eh! sans doute, mon oncle! C'est là ce qui
lui a déplu. Il avait envoyé par un messager, noir
comme la crémaillère du Roz, l'ordre de ne le
point montrer vaincu dans sa lutte avec les chevaliers. Mais, si nous avions fait cela, les bonnes gens
nous auraient étranglés bel et bien! Ne m'interromps plus, car voilà qu'il est tard et j'ai sommeil.
Le géant allait chercher sa massue, appuyée contre
un arbre. Au pied de l'arbre, il y avait un trou
fermé par une trappe. Je détachais les courroies,
j'ouvrais la trappe et la digestion était faite.

— Voire! fit Jeannin émerveillé, la dalmatique
cachait tout cela!

— Cette observation prouve bien que tu as du
sens, mon oncle! Je refermais la trappe et le public
n'y voyait que du feu... Devines-tu le reste?

— Quand les incendiaires sont arrivés, tu étais
dans ton trou?

— Non pas, mais je m'y suis mis. Il y faisait
chaud et j'y ai failli cuire comme une de mes
tourtes bien-aimées. J'ai gratté la terre humide
avec mes ongles pour trouver un peu de fraîcheur;
heureusement que les pauvres planches du bonhomme Rémy n'ont fait qu'un feu de paille. Je
venais de soulever ma trappe, quand j'ai entendu
Bruno la Bavette qui se disputait tout seul dans la

plaine; je l'ai suivi; j'ai assisté à votre entrevue;
j'ai percé à jour tes projets et je les ai servis,
parce que je suis un noble Breton, après tout.

— En quoi as-tu servi mes projets? demanda
Jeannin.

— Quand il en sera temps, je te conduirai moi-
même au Mont, et tu verras si la porte reste close
devant moi!

— Je voudrais savoir...

— Point! Demain, matin nous causerons affaires. Le flux vient à six heures, je t'éveillerai.
Dormons!

Jeannin eut beau l'interroger, il ne répondit plus
qu'en ronflant. Le bon écuyer s'enveloppa dans
son manteau, en ayant soin de protéger le nain, qui
était toujours sur ses genoux, et ses ronflements
sonores accompagnèrent bientôt ceux de Fier-à-
Bras. Il y avait longtemps que le soleil était levé
quand Jeannin s'éveilla en sursaut, parce que l'eau
du fleuve lui montait le long des jambes. Fier-à-
Bras, ne voulant point mouiller ses chaussures,
se mit à cheval sur l'épaule droite de l'homme
d'armes. Ils regagnèrent ainsi la prairie.

— Mène-moi déjeuner quelque part, dit le nain,
et je t'en apprendrai si long, que tes deux oreilles
tinteront comme la maîtresse cloche de Combourg.

— Il faut que j'aie auparavant des nouvelles de
ma fille.

— Je t'en donnerai! je t'en donnerai! je viens de voir son gracieux minois à la fenêtre. Elle suivait de l'œil ces deux cavaliers qui vont disparaître là-bas dans la brume.

— L'un de ces chevaliers n'est-il point messire Aubry? murmura-t-il.

Jeannin se fit de la main un garde-vue.

— Si fait, répliqua le nain.

— Et l'autre?

— Voici la seconde fois que je vois messire Aubry chevaucher côte à côte avec le diable.

— Mon cheval est à l'hôtellerie de la Pomme-de-Pin, s'écria Jeannin, qui pressa le pas, et l'hôtellerie de la Pomme-de-Pin est la première maison après la porte de la ville. Je les aurai rejoints dans un quart d'heure.

— Si tu trouves leurs traces, dit Fier-à-Bras en étendant le doigt vers la plaine; vois! ils sont déjà dans le brouillard!

En entrant dans l'hôtellerie, Jeannin était bien résolu à donner la chasse à son élève. S'il y avait danger, le bon écuyer voulait à tout le moins en prendre sa part. Mais le nain commanda d'autorité à déjeuner pour un gentilhomme et un soldat.

— Tu n'iras point, ce matin, courir la pretantaine, mon oncle, dit-il pendant que Jeannin sellait son cheval; c'est moi qui te taillerai ta besogne... A table! à table!

Jeannin voulut résister, mais Fier-à-Bras savait le mot magique sous lequel pliait la volonté du bon écuyer; il prononça le nom de Jeannine. Jeannin se mit à table. Le nain but, mangea et parla comme quatre. Quand il eut achevé sa dernière rasade, il se mit sur ses petites jambes, qui flageolaient ni plus ni moins que celles d'un ivrogne de taille ordinaire.

— Eh bien, mon oncle, s'écria-t-il, que dis-tu de ma politique?

— Je crois que tu es sorcier ou devin, petit homme! répondit Jeannin tout pensif.

— Donc, reprit Fier-à-Bras, monte à cheval, et va chez le duc. Voici Catiolle la Mareyeuse qui passe avec son âne; je vais me mettre dans un de ses paniers, elle me conduira chez le roi.

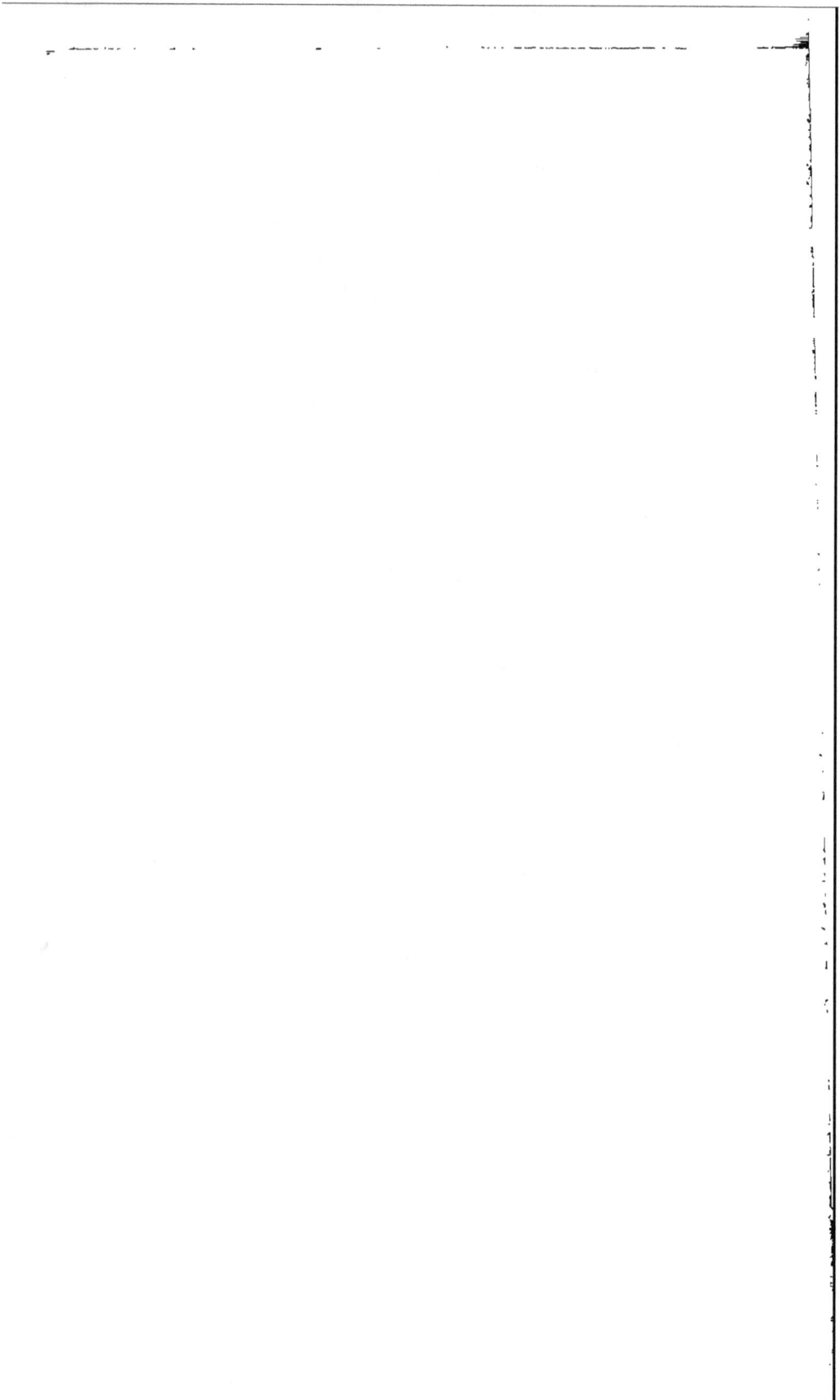

XII

— Deux jeunes filles. —

C'était une chambre d'assez grande étendue,
très-haute d'étage et dont le plafond en bois de
chêne sculpté absorbait les rayons de la lampe.
Une tapisserie à personnages mythologiques de
grandeur plus que naturelle couvrait les murailles
à partir du lambris, qui avait six pieds de haut.
Au centre du plafond, une tasse de bois de cèdre
contenait l'huile douce qui attire et fait périr les
insectes ; trois chaînettes de fer la soutenaient. Il

y avait deux lits à colonnes, carrés tous deux, tous
deux énormes et juchés sur leurs estrades entou-
rées de galeries. A la tête de chaque lit, une tablette
sculptée supportait le gobelet d'argent et la fiasque
au long col, pleine de vin saturé d'hysope et de
marjolaine. Le sire du Dayron savait exercer
l'hospitalité.

Quatre fenêtres, situées en face les unes des
autres, s'ouvraient, deux sur le pont du Couesnon,
deux sur la cour intérieure. Elles avaient de petits
carreaux verdâtres, losangés de plomb. Au-devant
de chacune d'elles deux rideaux de serge violette
se croisaient ; les courtines des lits, les lambrequins
et les rideaux étaient également de couleur violette.
Une broderie au petit point, sur fond noir, aux
nuances ternes et passées, recouvrait les im-
menses fauteuils dont les dossiers droits égrati-
gnaient les lambris. Sur la cheminée, qui, certes,
était plus grande qu'une de nos chambres à coucher
modernes, un petit miroir de Venise, biseauté en
dedans du cadre et chargé d'ornements lourds,
s'inclinait pour présenter sa face polie aux hôtes
de ce réduit. S'il eût été perpendiculaire au sol, sa
glace n'eût reflété que les dieux roides et nus de la
tapisserie.

Bien qu'on fût au cœur de l'été, un feu de
souches brûlait dans l'âtre et combattait un peu la
mortelle tristesse qui s'exhalait de ces vieilles

murailles habillées de laine humide. Dame Josèphe
de la Croix-Mauduit eût été là parfaitement logée
avec son antique suivante, son faucon sénile et ses
roquets décrépits. C'était vraiment une chambre
de dignité première, sentant comme il faut le ren-
fermé, froide, fière, revêche, où le moindre éclat
de rire eût étonné l'écho, vierge de toute gaieté.
Mais dame Josèphe et sa suite (sauf l'écuyer octo-
génaire) habitaient le réduit voisin. On avait mis
dans cette pièce en deuil nos deux jeunes filles,
Berthe et Jeannine.

La lampe, placée sur un guéridon bruni par le
temps, épandait en vain ses lueurs. Partout les
rayons se noyaient dans les surfaces sombres et ab-
sorbantes. Les moulures du plafond disparaissaient
dans la nuit. Les personnages mythologiques ressortaient, blafards, sur le feuillage noir, et seuls,
derrière les rideaux, les petits carreaux entourés
de plomb renvoyaient çà et là quelques étincelles
capricieuses.

Le bois vert gémissait, le lambris craquait, le
vent jouait avec le tuyau de la cheminée comme si
c'eût été une flûte gigantesque ne possédant qu'une
note qui était une plainte. Au dehors, l'averse fouet-
tait contre les châssis, et, quand le vent se taisait à
de rares intervalles, le cri perçant des grillons res-
sortait sur le fracas sourd et lointain de la mer.

Berthe était assise dans un fauteuil au coin du

foyer ; Jeannine se tenait sur un tabouret à ses pieds. Elles étaient toutes deux pâles, mais leurs pâleurs ne se ressemblaient point. Pâleur de fièvre pour Berthe, pâleur tachée de marques rouges ; pour Jeannine, pâleur de lente souffrance.

Il était tard. C'était l'heure où Jeannin, le bon écuyer, et son ami Fier-à-Bras cherchaient un abri sous le pont du Couesnon. Déjà plus d'une fois, dame Josèphe de la Croix-Mauduit avait élevé la voix pour dire au travers de la porte :

— Ma nièce, veuillez vous mettre au lit, je vous prie. Oraison trop longue ne vaut, si ce n'est aux veilles des fêtes cardinales. L'heure est indue. Chaque chose a son temps. Le Créateur fit la nuit pour le repos, et le défaut de sommeil creuse les yeux des jeunes filles.

C'étaient là de profondes vérités. Berthe répondait :

— Je vous obéis, madame ma chère tante.

Mais elle restait dans son grand fauteuil. Quand son regard se tournait vers les lits, tout sombres derrière leurs draperies austères, elle avait le frisson.

— Penses-tu qu'il a dit vrai, toi, Jeannine ? demanda-t-elle en caressant avec distraction les cheveux bruns de sa compagne : n'est-ce point plutôt une histoire inventée à plaisir ? Cette ville d'Hélion, qui est si près de nous et qu'un voile épais nous cache au milieu des solitudes de la mer, ces palais invisibles, ces femmes jeunes et si belles, prêtresses d'un culte inconnu... crois-tu cela, toi, Jeannine?

— Oui, je le crois, répéta la fillette, et je demande au ciel, pour moi et pour ceux que j'aime, de n'en savoir jamais plus long.

— Qui aimes-tu? reprit Berthe en souriant.

Et, comme Jeannine tardait à répondre, elle lui baisa le front en ajoutant :

— Dis-moi cela, je te garderai le secret.

— J'aime mon père, répliqua enfin Jeannine, qui tourna la tête pour cacher sa rougeur; j'aime madame Reine.

— Et encore?

— Je vous aime.

— Moi aussi, ma petite Jeannine, je t'aime... et encore?

— J'aime ma respectable grand'mère dame Fanchon le Priol.

Berthe fit une petite moue.

— Au manoir du Roz, dit-elle, n'y a-t-il point quelque jeune homme d'armes?

— Non, répondit Jeannine.

— Aux alentours, quelque bachelier? ajouta Berthe.

— Non plus, que je sache.

— J'oubliais, fit l'héritière de Maurever en prenant un air grave : à moins de faire mentir le saint

ermite du mont Dol, tu ne peux aimer qu'un gentilhomme.

Jeannine releva sur elle ses yeux pleins de larmes et dit :

— Me viendrez-vous voir quelquefois, chère
demoiselle, quand je serai sœur converse au couvent de Châteuneuf?

— Pourquoi parles-tu ainsi, ma fille? s'écria
Berthe, et pourquoi pleures-tu?

— Ma nièce, veuillez vous mettre au lit, je vous
prie, récita la douairière de la Croix-Mauduit; je
vous entends causer avec la jeune vassale de notre
cousine et respectée voisine madame Reine de Kergariou, dame du Roz, de l'Aumône et de Saint-Jean
des Grèves. Un entretien honnête ne messied
point, mais il faut se tenir en toutes choses dans
les limites raisonnables. En nous privant durant
les heures nocturnes, de la lumière du soleil, le
Créateur manifesta clairement sa volonté, qui est
que nous dormions et reposions sous sa garde,
depuis le soir jusqu'au matin.

— Je vous obéis, madame ma chère tante; ayez
bon sommeil.

Le beffroi plaintif de la ville de Pontorson sonna
les douze coups de minuit.

— Madame ma tante a raison, reprit Berthe
sans quitter son siége; couchons-nous, ma fille, il
est tard.

— S'il vous plaît, répondit Jeannine, dont les larmes s'étaient séchées pendant le sage discours de la vieille dame, je vous servirai de chambrière.

— Attendons encore. Mes pieds sont froids... Que ces lits sont grands et tristes, ma fille !... Lequel est le plus beau, à ton sens, de messire Aubry ou de messire Olivier ?

— Messire Olivier, répondit Jeannine mentant à son cœur.

Elle croyait bien que Berthe allait protester avec colère ; mais les grands yeux bleus de Berthe se voilèrent sous la rêverie ; elle ne protesta point.

— Avant d'avoir vu messire Olivier, murmura-t-elle, je ne croyais pas qu'il y eût au monde un homme aussi beau que messire Aubry, mon cousin... Ce front brun et pâle du baron d'Harmoy, cet œil noir qui a l'éclat du diamant, cette molle et soyeuse chevelure dont les anneaux se balancent, humides et chargés de parfums... Peut-il exister des femmes assez téméraires pour donner leur amour à la beauté d'un inconnu ?

Le regard de Jeannine glissa entre ses longs cils et vint effleurer le visage pensif de Berthe. Berthe se leva.

— Dénoue les cordons de mon corsage, dit-elle ; nous causerions là jusqu'à demain ! Il te regardait sans cesse pendant qu'il parlait...

— C'était vous qu'il regardait, chère demoiselle, interrompit Jeannine.

— Détache l'agrafe de ma ceinture... Était-ce moi qu'il regardait? Une nuit, il y a déjà longtemps de cela, j'ai rêvé que nous étions rivales... Comme ta main tremble, ma fille! se reprit-elle; vois, il suffisait de toucher l'agrafe... Sauras-tu nouer mes cheveux pour la nuit?

— J'essayerai, chère demoiselle.

— Je ne te connaissais point cette vocation monastique... Si messire Aubry, mon cousin, eût aimé une autre femme, je crois que je serais entrée en religion.

— Messire Aubry ne peut aimer que vous, balbutia Jeannine.

— Parlait-il de moi quelquefois au manoir du Roz?

— On parlait de vous chaque jour.

— Pendant toute cette soirée, dit Berthe comme malgré elle, messire Olivier m'a empêchée de le voir.

Il y eut un silence. Jeannine nouait par derrière les longues tresses blondes de mademoiselle de Maurever.

Une voix harmonieuse, qui semblait contenir l'éclat de ses notes sonores, chanta un couplet sous le balcon. La main de Jeannine lâcha les tresses, qui ruisselèrent en flots d'or sur les épaules de

Berthe. Celle-ci restait, immobile, la bouche demi-
close, l'oreille attentive. La voix disait :

> Connaissez-vous le cri du lion ?
> Au vivant rosier d'Hélion,
> Vont éclore deux fleurs nouvelles :
>   Roses jumelles.
> Le rosier appartient au lion,
> Le vivant rosier d'Hélion.
> Marguerite est blonde et bien belle :
> Pas plus que la brune Isabelle.
> Pourquoi choisir? s'est dit le lion.
> Cueillant l'un et l'autre bouton.
> Marguerite avec Isabelle.
> Vous connaissez le cri du lion :
>   A la plus belle !

Si dom Sidoine, le chapelain de madame Reine,
qui était un courageux grammairien, eût entendu
ce tenson, il aurait affirmé que c'était un pur et
simple non-sens. La devise : *A la plus belle!* im-
plique nécessairement un choix : le superlatif
absolu n'admet pas de partage. Mais cette faute
paraîtra vénielle dans les poésies légères du comte
Otto Béringhem, qui était Welche de naissance.

— On dirait la voix de messire Olivier... murmura Berthe, dont la poitrine battait, oppressée.

Les accords de la harpe s'éloignèrent et mouru-
rent.

— Ma nièce, prononça la douairière avec sévérité, fenêtres éclairées à cette heure de nuit attirent les poëtes vagabonds, joueurs de rote, baladins errants, trouvères, traîneurs de mandolines, chantres d'anciennes galantes et fainéants qui donnent la sérénade au clair de lune. Veuillez vous mettre au lit, je vous prie. Que dirait-on en la ville de Dol si l'on savait que Berthe de Maurever reçoit pareilles aubades? La nuit qui vient, j'ordonnerai à mon écuyer de veiller en dehors des portes avec une arquebuse, afin qu'il mette à châtiment les nocturnes rôdeurs. Le Créateur permet au soleil de se plonger dans l'onde pour que les ténèbres favorisent notre sommeil.

— Madame ma tante, répliqua Berthe profondément émue, je suis en train de vous obéir.

— Donc, la bonne nuit je vous souhaite, ma nièce.

— Madame ma tante, je vous souhaite la bonne nuit.

Elle entraîna Jeannine vers les deux lits, après avoir pris la lampe, qu'elle cacha derrière les rideaux.

— As-tu compris ce que disait la chanson? demanda-t-elle tout bas.

— Non, répondit Jeannine, qui ne mentait point.

Berthe lui serra le bras d'un geste convulsif.

— J'aime Aubry! fit-elle avec une véhémence étrange; je n'aime que lui! En doutes-tu?

Et, sans lui laisser le temps de répondre :

— J'ai la fièvre depuis ce soir, ajouta-t-elle; je me sens mal.

Jeannine la soutint dans ses bras. Berthe était brûlante et ses yeux brillaient d'un éclat extraordinaire. Avec l'aide de sa compagne, elle parvint à gravir les degrés de l'estrade. Le froid des draps la saisit. Jeannine entendit ses dents claquer.

— Couche-toi! dit Berthe en la repoussant; je souffre davantage quand tu es près de moi... Seigneur mon Dieu! je vois son visage pâle, là, au pied de mon lit! Est-ce toi ou moi qu'il regarde?... Éloigne-toi! éloigne-toi! je veux voir si c'est toi ou si c'est moi!...

Jeannine, effrayée mais docile, descendit les marches de l'estrade. Berthe murmurait :

— Le lion cueillit les deux roses... Marguerite la blonde, c'est moi... elle est Isabelle la brune...

— Que fais-tu là? s'écria-t-elle en voyant Jeannine agenouillée au pied de l'autre lit. Pries-tu pour moi?

— Je prie pour vous, chère demoiselle, répliqua doucement Jeannine.

Berthe se mit sur son séant avec impétuosité.

— Pourquoi pries-tu pour moi? s'écria-t-elle. Est-ce que je fais déjà pitié?

— Chère demoiselle, dit la fillette en relevant la
couverture du second lit, ne parlez pas ainsi : vous
avez tout ce qu'il faut pour être heureuse en la
vie.

— Heureuse! répéta Berthe amèrement. Cette
lampe me blesse la vue! s'interrompit-elle : mais
ne l'éteins pas, ma fille, oh! ne l'éteins pas!...
Qui sait ce que nous verrions dans les ténèbres!... Jeannine, ma compagne d'enfance, Jeannine, je comptais sur toi! Ce matin, j'ai bien vu que
tu n'étais plus mon amie. Il y a une raison pour
cela, car tu as bon cœur... Mais, ce matin, l'ermite
ne t'avait pas encore appelée noble dame. Étais-tu
déjà ambitieuse avant cela?... Ambitieuse, ma
fille! oh! va, moi qui suis au-dessus de toi selon le
monde, je te céderais ma place avec joie. Ne me
porte jamais envie ; je ne veux pas de pitié, mais
l'envie me piquerait comme un sarcasme!

Jeannine écoutait, respectueuse et triste. Dans ce
flux de paroles, il y avait pour elle du délire. Mais
que de vérités au fond de ce délire!

— Écoute, reprit mademoiselle de Maurever
accoudée sur son lit, et penchant au dehors sa
belle tête couronnée de cheveux en désordre; si
j'étais la fille de Jeannin l'écuyer, mon père m'ai-
merait. Messire Morin de Maurever fut trompé
dans son espoir au jour de ma naissance. Il attendait un fils, héritier du nom ; sa femme, ma pauvre

mère adorée, ne lui donna qu'une fille. En venant
au monde, j'ai condamné le nom de mes aïeux, car
messire Hue, le frère aîné, n'eut qu'une fille, qui
est madame Reine, et dom Eustache, le cadet, est
de religion. Mon père rejeta les langes sur mon
berceau; il délaissa ma mère et ne m'a jamais
aimée. Madame Reine, ma tante par alliance, me
recueillit au Roz et m'éleva pour son fils. Te souviens-tu? nous jouions ensemble tous les trois sur
la grande pelouse qui est au-devant du manoir.
En ce temps-là, mon désir était de t'avoir pour
sœur et d'avoir Aubry pour frère. Quand je m'en
allai à Dol, je compris que je l'aimais... Jeannine,
Jeannine, il y a un homme qui m'aime, j'en suis
sûre, je le sais... Mais je ne sais pas si Aubry
m'aime.

— De quel homme parlez-vous, chère demoiselle? demanda Jeannine.

— Est-ce que tu n'es pas comme moi? fit Berthe,
dont le regard s'égarait; est-ce que tu ne vois pas
quand on t'aime?... Essaye ce que je vais t'ensei-
gner, fillette : ferme les yeux, et celui qui t'aime
va passer devant toi le front souriant, la bouche
fermée comme pour envoyer un baiser.

Berthe de Maurever avait les yeux fermés. La
lumière tombait d'aplomb sur son beau front souriant et rêveur. Ses lèvres se froncèrent doucement et sa bouche s'entr'ouvrit comme pour rendre

le baiser de la vision. Puis elle frissonna de tout son corps et rejeta sa tête en arrière.

— Oh! fit-elle, viens ici! Garde-moi! Il est là, dans la ruelle profonde. Viens! viens! Jeannine, mets-toi dans mon lit, entre la ruelle et moi!

Elle tendait ses bras suppliants. Jeannine monta les degrés de l'estrade et la reçut, défaillante, sur son sein.

XIII

— Le réveil. —

La lampe éclairait maintenant deux têtes charmantes sur le même oreiller. Les boucles brunes
et blondes se mêlaient. Berthe était plus calme,
depuis que Jeannine, obéissante, avait consenti à
partager sa couche. A travers la porte, on entendait dame Josèphe de la Croix-Mauduit, qui ron-
flait d'importance première pour mettre à profit
les heures où l'astre du jour reposait lui-même au
sein de l'onde. En ronflant, dame Josèphe avait un

doux songe : elle rêvait que, dans une allée bien droite et sans fin, un nombre incalculable de petites demoiselles s'alignait. Dame Josèphe, son vieux faucon au poing, flanquée de son vieil écuyer et de sa vieille suivante, escortée, en outre, de ses vieux chiens ; dame Josèphe, habillée comme au jour de ses noces, la bouche en cœur et le bouquet de roses à la ceinture, se voyait passer dans les rangs des jeunes filles, qui baissaient les yeux timidement. Elle s'entendait elle-même dire à chacune : « Tenez-vous droite ! » Elle se voyait apprendre à cette innombrable armée d'écolières la révérence de dignité première, la révérence de dignité seconde et la révérence de tierce dignité. Vous ne vous figurez pas combien c'était divertissant pour dame Josèphe.

Après ces rêves enchanteurs, la chose triste, c'est qu'on s'éveille. Si dame Josèphe avait pu rêver toujours qu'elle apprenait l'art ingénieux des révérences à cent mille petites demoiselles dans une belle avenue sablée, dame Josèphe eût été une douairière trop heureuse. Ces félicités n'appartiennent point à notre monde misérable.

— Je vais te dire, ma fille, murmurait Berthe, dont les grands yeux d'azur gardaient des traces de larmes : je l'avais vu souvent chevaucher dans les rues de Dol. Tout le monde parle de son faste et de sa richesse. Cet hiver, il a donné trois mille écus tournois à la communauté pour les pauvres gens en souffrance. Nos prêtres de Saint-Étienne disaient que c'était un saint... Tu ne sais pas pourquoi je pleure en parlant ? Le sais-je moi-même !... En arrivant à l'hôtel du Dayron, je ne pensais qu'à Aubry... et un peu à toi que l'ermite avait appelée noble dame... Ah ! Jeannine ! voilà que je suis comme autrefois ; pourquoi n'es-tu pas ma sœur ?

— Je ne vous chérirais pas davantage, mademoiselle ! répliqua Jeannine, dont l'accent avait quelque chose de maternel.

Elle était demi-soulevée sur le coude et contemplait Berthe avec une tendre sollicitude.

— Il y a des choses, reprit celle-ci, qu'on ne voudrait dire qu'à sa sœur... J'ai ouï conter dans mon enfance que celles qui sont aimées n'ont rien à craindre des sorts jetés ni des maléfices. L'amour qu'elles inspirent et qu'elles partagent leur est comme un bouclier ; l'effort des méchants se brise contre cette égide bienheureuse... Regarde-moi, Jeannine !

Elle mit ses deux mains sur les épaules de la fillette qui pâlissait légèrement. Son regard perçant et inquiet sembla scruter sa conscience.

— Tu n'es pas changée, dit-elle ; l'éclair de sa prunelle, qui m'a brûlée, a glissé sur toi. C'est donc que tu as l'égide ?

Jeannine baissa les yeux.

— C'est donc que tu es aimée! acheva Berthe
avec un profond soupir. Je t'en prie, je t'en prie!
s'interrompit-elle soudain; aie confiance en moi,
ma petite Jeannine; cela me fera du bien. L'amitié
doit être aussi un talisman : sois ma sœur pour
me protéger... Je t'en prie, dis-moi qui t'aime et
qui tu aimes. Je connais tous les jeunes gens du
Roz. Était-il de mon temps? Pêchait-il à Saint-
Suliac? Il demeurait peut-être à la Gouesnière...
L'ai-je vu? jouait-il avec nous?

Deux larmes tremblaient aux cils bruns de Jeannine.

— Oh! fit Berthe avidement, tu l'aimes donc
bien, ma chérie? Tant mieux, tant mieux! Je suis
contente! Tu me devineras! tu comprendras que
ma faiblesse vient de mon incertitude. Le jour où
Aubry, mon cousin, trouvera dans son affection
pour moi l'audace de me dire : « Je t'aime, » je
serai forte... Qu'il me regarde ce jour-là, l'homme
aux prunelles ardentes, je me rirai de lui!

Les deux larmes qui brillaient aux cils de Jeannine roulèrent le long de ses joues.

— Qu'as-tu, ma belle petite?... lui demanda
Berthe.

— Hélas! ma chère demoiselle, repartit Jeannine, je donnerais le meilleur de mon sang pour
que messire Aubry vous défendît, comme il le doit,
contre le malheur!

Berthe sourit.

— Tu n'y peux rien, ma fillette, dit-elle ; ce que je te demande, le voici : au cas où, par impossible, tu découvrirais qu'Aubry, mon cousin, aime une autre femme, me promets-tu de me le faire savoir ?

Jeannine était plus pâle qu'une morte.

— Au couvent où j'entrerai, balbutia-t-elle, saurai-je donc encore quelque chose des événements de ce monde ?

— Si messire Aubry aimait une autre femme, ajouta Berthe, j'irais te rejoindre au couvent... Remarques-tu ? se reprit-elle avec un véritable enjouement, me voilà sereine et guérie parce que j'ai parlé de lui. Je te le dis, s'il voulait, je ne connaîtrais pas la tristesse ; s'il avait voulu, j'aurais joué avec mes terreurs de cette nuit et cette fantastique devise qui m'a glacé le cœur...

Elle s'arrêta suffoquée. Jeannine la sentit froidir entre ses bras. Dans la position qu'elles occupaient toutes deux, Jeannine tournait le dos aux croisées qui donnaient sur la cour intérieure de l'hôtel. Berthe, au contraire, les voyait par l'ouverture des rideaux. Jeannine aperçut comme une lueur qui passa dans la ruelle du lit.

— Là ! là ! fit Berthe, dont le doigt crispé montrait la fenêtre.

Jeannine se retourna vivement. La fenêtre était

noire derrière les sombres plis de sa draperie violette.

Berthe laissa tomber sa tête sur l'oreiller.

— J'ai vu... murmura-t-elle; j'ai bien vu... à
moins que ma tête ne se perde déjà... j'ai vu sur
les carreaux des lettres de feu mobiles et qui
allaient se rapetissant pour briller sans cesse davantage... elles ont brillé le temps de lire les mots
de la devise : *A la plus belle!*... Oh! s'écria Berthe
en pleurant, cette fois, c'était pour moi, non
point parce que je suis la plus belle, ma fille, il
n'y a point au monde de vierge plus belle que
toi, mais parce que je suis la victime désignée. On
ne m'aime pas, voilà mon malheur et ma condam-
nation !

Ses blanches mains voilèrent son visage inondé
de larmes. Jeannine essayait de la consoler; elle
perdait ses caresses. Jeannine ne savait si c'était
illusion ou réalité. Elle avait aperçu un reflet
de cette lueur dont parlait sa compagne. Mais
Jeannine se disait, calme dans sa tristesse rési-
gnée :

— Les sorts jetés ne peuvent rien contre moi!

Je ne sais quel bonheur mélancolique et profond était au sein même de son sacrifice. Elle n'espérait point, mais on l'aimait.

Elle avait parlé vrai : elle eût donné sa vie pour
que messire Aubry pût guérir la blessure de ce

pauvre cœur qui battait là contre le sien. Mais on
l'aimait.

On l'aimait! Souffrir ainsi, c'est être heureuse
encore.

— Voilà pourquoi je suis condamnée, reprit
Berthe après un long silence et d'une voix plus
faible; je sentais bien cela ce soir pendant que
messire Olivier me contemplait. Mon premier sen-
timent ne fut qu'une curiosité frivole. Je cherchais
toujours les yeux d'Aubry comme pour lui dire :
« Celui-ci parle; mais, moi, je pense à toi. » Les
yeux d'Aubry fuyaient les miens. Son regard glissait sur toi, ma pauvre Jeannine, pour aller je ne
sais où... Ne rougis pas. Derrière toi, il y avait
sans doute quelque coquette pour me voler les
regards de mon fiancé... Alors, un désir m'a
saisie : forcer les regards d'Aubry à se fixer sur
moi! Je suis timide : j'ai vaincu ma timidité. Ma
voix s'est élevée quand les hommes eux-mêmes se
taisaient, et j'ai protesté, pour l'honneur des filles
de Bretagne, contre les paroles insolentes de messire Olivier. Madame Reine s'est élancée vers moi
pour m'embrasser, mais Aubry ne m'a point re-
gardée. Messire Olivier seul a tressailli au son de
ma voix. Celui-là m'aime, ma fille, c'est moi qui te
le dis. J'ai senti son amour dans ses yeux, dans sa
parole et dans les terreurs de mon âme. Oh! je
le déteste, moi, j'en fais serment devant Dieu!...

Mais le pauvre oiseau aime-t-il le serpent qui le
fascine?... Il me semblait entendre un chant harmonieux et perfide ; mes tempes battaient, mes
yeux alanguis se fermaient... Tu sais bien, Jeannine, qu'on peut mêler le poison aux plus délicieux
breuvages... Je ne voulais pas entendre et j'écoutais... je voyais à travers mes paupières closes...
je me cherchais moi-même et je trouvais en moi
une autre créature... me comprends-tu?... Mon
cœur implorait le cœur d'Aubry : je demandais un
regard, ne fût-ce qu'un regard de compassion, ma
fille. Hélas! où allait le regard d'Aubry après avoir
effleuré tes cheveux noirs? Était-il pour Anne de
Landal ou pour Marie de Querhoënt? elles sont
belles. Était-il pour Françoise Thibaut ou pour
Guillemine de Tredern? on peut les aimer...

L'accent de Berthe se voilait à chaque instant
davantage. Jeannine voyait qu'elle allait s'endormir
en parlant et ne l'interrompait plus.

— Voilà ce que tu ne voudrais pas croire, reprit
Berthe, qui rougit légèrement et se ranima : c'est
pour Aubry que j'écoutais messire Olivier. Je sa-
vourais son regard brûlant, parce que je me disais :
« Aubry me regarderait ainsi s'il m'aimait... » et
maintenant que la figure pâle de cet homme pour-
suit mon rêve, je vois toujours derrière la soie de
ses noirs cheveux les boucles blondes de mon
Aubry qui semble sourire... Écoute! écoute!

Elle s'arrêta, ses yeux se fermèrent.

— Écoute! acheva-t-elle pourtant d'une voix à peine intelligible; j'étais contente sur la terrasse de voir Aubry chevaucher à son côté. Je me disais : « Il enseigne peut-être à mon cousin Aubry comment on s'enhardit à dire à sa fiancée : Je t'aime!... je l'aime!... »

Sa tête se renversa sur l'oreiller. Elle dormait. Sa bouche entr'ouverte laissait entre ses deux lèvres pâlies l'écartement qu'il faut pour prononcer la consonne d'amour.

Jeannine éteignit la lampe. Les heures de la nuit passèrent. Les premières lueurs du crépuscule matinal éclairèrent deux blancs visages de jeunes filles endormies. L'œil indiscret qui aurait pu se glisser en ce réduit avec les rayons du jour naissant aurait certainement hésité à décerner la palme de beauté. Un ruban de moire, qui ne tranchait point la question, pendait au ciel du lit, soutenant un écusson de brocart où se lisait la devise de l'Homme de Fer : *A la plus belle!* L'écusson se balançait entre la tête brune et la tête blonde; sa frange écarlate frôlait tour à tour les cheveux de Jeannine et les cheveux de Berthe.

Il y avait à l'hôtel du Dayron une petite servante qui était un peu cousine du page Marcou de Saint-Laurent. Nous notons ce fait au hasard dans l'impossibilité où nous sommes d'expliquer cette

dernière diablerie galante. La petite chambrière
du Dayron couchait dans un cabinet voisin, en
compagnie de la grosse Javotte, il est vrai ; mais,
mi Jésus! il eût fallu les canons de Saint-Michel,
qui lançaient des boulets de pierre, pour éveiller
la grosse Javotte endormie. La petite chambrière
avait eu ses coudées franches. Peut-être était-elle
là quelque part, guettant d'un regard espiègle le
réveil des deux jeunes filles.

Ce fut Berthe de Maurever qui ouvrit les yeux
la première. La frange de l'écusson lui chatouil-
lait le front. Un rayon de soleil faisait luire dans
le clair-obscur de l'alcôve les lettres d'or de la
devise. Berthe saisit l'écusson et l'arracha. Ses
sourcils délicats se froncèrent, tandis qu'elle regardait Jeannine, qui dormait, la tête appuyée sur son
bras arrondi et le sourire aux lèvres.

— Toujours entre elle et moi! se dit Berthe,
jalouse avant d'être effrayée.

Puis l'effroi vint.

— Quelqu'un est entré ici, pensa-t-elle.

On entendit dans la pièce voisine dame Josèphe
de la Croix-Mauduit qui avait sa quinte de toux
du matin. A ce signal bien connu, tout s'agita
dans la chambre à coucher de la douairière. Le
faucon de grand âge secoua son chaperon et
changea de patte sur le perchoir, les vieux chiens
s'étirèrent et jappèrent comme c'était leur de-

voir; la vieille camériste se mit sur son séant et
dit :

— Noble dame, que Dieu et la Vierge veillent
sur vous durant cette journée. Ainsi soit-il !

— Noble dame, prononça presque en même
temps le vieil écuyer, qui entr'ouvrit la porte, que
Dieu et la Vierge vous aient, durant cette journée,
en leur digne garde. Amen !

— Merci, Bette, ma mie, répondit dame Josèphe
de la Croix-Mauduit, comme elle le faisait régulièrement depuis un demi-siècle ; donnez une ca-
resse aux chiens, ce sont des animaux fidèles :
l'histoire ancienne rapporte nombre de traits qui
prouvent le dévouement intelligent dont ces animaux sont susceptibles... Merci, maître Biberel ;
vous apporterez la provende du faucon, c'est un
noble oiseau : les Grecs ni les Romains ne connais-
saient sa valeur. La gloire du faucon est née avec
la chevalerie. Je souhaite, Bette, ma mie, et vous,
maître Biberel, que vous passiez heureusement
cette journée dans la crainte de Dieu et l'horreur
du péché. Soyez prudents et discrets : on peut
manquer de prudence et de discrétion à tout âge ;
fuyez la médisance, ne sortez jamais des bornes
imposées par la sobriété. Que vos vêtements soient
propres pour honorer la maison que vous servez.
Si, comme on le dit, nous sommes admis à voir
notre seigneur le duc François de Bretagne, sou-

venez-vous, Bette, qu'il vous faut descendre vivement de cheval et faire la révérence de dignité
première si régulièrement et de façon si honnête,
qu'on dise alentour : « Voici une suivante qui connaît son cérémonial'... — Eh! mais, sera-t-il
répondu par les gens de bonne foi, je crois bien :
c'est la suivante de la noble dame Josèphe,
douairière de la Croix-Mauduit!... » En la même
occurrence, maître Biberel, souvenez-vous qu'il
vous faut fléchir les deux genoux et rendre hommage ou honneur de dignité première en telle façon
décente et appropriée, qu'il soit dit partout alentour : « Jarni! voici un homme d'armes bien
appris de tout point!... — Eh! mais, je crois
bien! répliqueront aussitôt tous les gens qui s'y
connaissent, pourvu qu'ils ne soient point pré-
venus par l'envie ou la malice; comment pourrait-il en être différemment? Cet homme d'armes, tel que vous le voyez, est l'écuyer de la
noble douairière de la Croix-Mauduit, sœur de
feu M. Hue de Maurever, qui suivait Gilles de
Bretagne, et de messire Morin de Maurever, seigneur de Montfort et du Bosc, compagnon du
riche duc, notre seigneur! »

Ayant ainsi parlé d'une voix lente et distincte
en branlant de la tête avec mesure, dame Josèphe
de la Croix-Mauduit fut prise d'une seconde quinte
de toux.

Le faucon s'était rendormi ; les chiens ronflaient de nouveau. Bette entr'ouvrit la croisée pour chasser l'odeur exhalée par la vieillesse de ces divers animaux. Après quoi, on commença la toilette de la douairière.

Quand elle eut les pieds dans ses grandes mules, elle éleva la voix de nouveau.

— Ma nièce, dit-elle en se tournant vers la porte de Berthe, veuillez vous éveiller, je vous prie. Chaque chose a son temps. L'astre du jour, en éclairant la terre, chasse devant lui le sommeil. A se lever matin, on gagne contentement et fraîches couleurs. La paresse, qui est péché capital, éteint le feu des regards et bouffit les joues blêmies. De mon temps, ma nièce, ce n'étaient pas les vieilles gens qui éveillaient les jeunes filles.

— Je vous obéis, madame ma chère tante, répondit à travers la porte la douce voix de Berthe.

Jeannine ouvrait les yeux à ce moment. Berthe cacha précipitamment l'écusson sous l'oreiller. Jeannine jeta tout autour d'elle son regard plein d'étonnement et de regret.

— Que cheerhes-tu, ma fille ? demanda Berthe, dont le sourire avait une pointe de moquerie.

— Ce que je cherche ?... répéta Jeannine ; je rêvais...

— Il était là, n'est-ce pas ? interrompit Berthe :

tu le voyais dans ton rêve, jeune, beau, empressé, amoureux ?...

Hélas! tout cela était vrai

La pauvre Jeannine rougit, baissa les yeux et n'osa dire non.

— J'en étais sûre! s'écria mademoiselle de Maurever, qui ne souriait plus : voilà pourquoi le mauvais œil ne peut rien sur toi! voilà pourquoi le maléfice glisse ou rebondit sur ton cœur comme la flèche émoussée rebondit ou glisse sur l'armure. Tu aimes et tu es aimée! Oh! s'interrompit-elle en joignant les mains avec désespoir, il n'y a donc que moi pour être seule et dédaignée! Il n'y a donc que moi pour souffrir!

Jeannine releva sur elle ses yeux humides.

— Chère demoiselle, dit-elle doucement, si la souffrance d'autrui peut vous consoler, soyez consolée : je souffre!

Berthe regrettait les paroles prononcées : elle avait honte de ce qu'elle éprouvait. A cause de cela, elle gardait rancune à sa compagne! c'est la justice du cœur humain.

— Embrasse-moi, ma fillette, dit-elle en essayant de prendre un air enjoué; ces nuits agitées me rendent folle... Tu ne t'es pas éveillée depuis qu'il fait jour?

— Non, répondit Jeannine.

— Tu n'as rien vu? insista Berthe en regardant

malgré elle le ruban de moire où ne pendait plus l'écusson.

— Rien... Avez-vous donc vu quelque chose, chère demoiselle?

— Moi? du tout... Mais écoute!

Elle sauta hors du lit. Un bruit de chevaux se faisait dans la cour intérieure. Berthe jeta sur ses épaules sa mante fourrée du matin et courut à la fenêtre.

— Viens! viens vite! s'écria-t-elle, les voilà qui montent à cheval.

Jeannine, plus lente, perdait le temps à passer ses petits pieds dans ses mules. Peut-être n'avait-elle pas envie de voir. Berthe l'appela une seconde fois avec impatience et d'un ton impérieux. Jeannine traversa la chambre à son tour. Au moment où elle arrivait auprès de la fenêtre, deux cavaliers se mettaient en selle sur de fringantes montures que les palefreniers tenaient encore par la bride. C'étaient ceux-là qui avaient occupé si complétement la nuit des deux jeunes filles : messire Aubry et Olivier, baron d'Harmoy.

— Pendant que tu tardais, dit Berthe, ils ont regardé tous deux de ce côté. Messire Olivier seul a salué de la main.

Elle mentait par omission. Messire Olivier avait fait plus que saluer de la main. Il avait envoyé un baiser souriant et hardi.

Berthe tenait soulevé le coin du rideau. Les palefreniers lâchaient la bride. Au moment de partir, les deux cavaliers se tournèrent une seconde fois vers la fenêtre, où la tête brune de Jeannine se montrait maintenant derrière la blonde tête de Berthe. Aubry, comme Olivier, envoya cette fois vers la croisée un baiser avec un sourire.

Berthe mit la main sur son cœur. En se retournant, elle vit Jeannine qui se retenait, pour ne point choir, au montant de la croisée. Jeannine était pâle; elle tremblait. Le regard que Berthe darda sur elle descendit jusqu'au fond de son âme. Berthe pâlit à son tour. Il n'y eut pas une parole échangée.

Elles retournèrent toutes deux vers l'alcôve.

— Ma fille, dit Berthe après un long silence, tu avais raison de ne point m'avouer ton secret.

— Chère demoiselle, répliqua Jeannine dont les yeux étaient maintenant sans larmes, je peux vous montrer mon cœur, car je le donne à Dieu chaque jour. Puissiez-vous être heureuse! Moi, je sais mon devoir.

— T'a-t-il jamais déclaré son amour? demanda Berthe.

— J'ai quitté le manoir pour venir habiter avec ma grand'mère, répliqua Jeannine.

Berthe se laissa tomber sur le pied de son lit.

— Et depuis lors?... demanda-t-elle encore.

— Je vais quitter ma grand'mère pour entrer au couvent, dit Jeannine.

Berthe se couvrit le visage de ses mains, et Jeannine s'agenouilla devant elle.

FIN DU TOME DEUXIÈME.

TABLE DES CHAPITRES.

——

		Pages.
I. —	Rivales	5
II. —	La cavalcade.	17
III. —	La fête	27
IV.	Où l'on commence à tirer la grenouille.	39
V —	Où l'on achève de tirer la grenouille.	53
VI. —	Messire Olivier.	65
VII.	La fille du diable.	81
VIII.	La fin de l'histoire	95
IX. —	L'incendie	106

X. — Le rendez-vous. 125
XI. — Le lutin.. 145
XII. — Deux jeunes filles 165
XIII. — Le réveil. 177

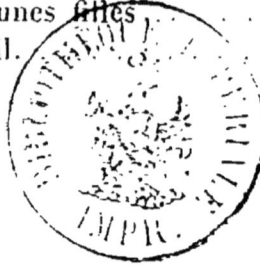

FIN DE LA TABLE DES CHAPITRES.

COLLECTION HETZEL. — NOUVEL IN-32 DIAMANT.

ALEX. DUMAS.	Les Mohicans de Paris.	10 vol.
—	Salvator (suite des Mohicans).	1 à 5.
—	Grands hom-) Henri IV	1 vol.
	mes en robe) Louis XIII, Richelieu	3 vol.
	de chambre) César.	1 vol.
—	Ingénue.	5 vol.
—	La jeunesse de Louis XIV	1 vol.
—	El salteador	2 vol.
—	Aventures d'un comédien.	1 vol.
—	Le page du duc de Savoie	5 vol.
—	Le capitaine Richard.	2 vol.
—	Marie Giovanni.	1 vol.
—	Le lièvre de mon grand-père	1 vol.
DUMAS fils.	La dame aux Camélias	2 vol.
G. SAND.	Laure et Adriani	2 vol.
—	La filleule.	2 vol.
—	Evenor et Leucippe	2 vol.
ED. TEXIER.	La duchesse d'Hanspar	1 vol.
EUGÈNE SUE.	Le diable médecin	1 à 3.
—	La famille Jouffroy	6 vol.
ESQUIROS.	Le château d'Issy.	1 vol.
J. ARAGO.	Les deux Océans	3 vol.
FR. ARAGO.	Histoire de ma jeunesse	1 vol.
C. TILLIER.	Mon oncle Benjamin	2 vol.
P.-J. STAHL.	Bêtes et gens	1 vol.
—	De l'esprit des femmes	1 vol.
—	Un rêve au bal de la Redoute à Spa.	1 vol.
—	Histoire du prince Z	1 vol.
DESCHANEL.	Le bien qu'on a dit des femmes	1 vol.
—	Le mal qu'on a dit des femmes	1 vol.
—	Les courtisanes grecques	1 vol.
GONDRECOURT.	Une vraie femme	2 vol.
AM. ACHARD.	La robe de Nessus	2 vol.
ADRIEN PAUL.	Un Anglais amoureux.	1 vol.
VICTOR HUGO.	Le beau Pécopin.	1 vol.
E. CARLEN.	Un brillant mariage	1 vol.
JULES JANIN.	La comtesse d'Egmont	1 vol.
GAB. FERRY.	Tancrède de Châteaubrun	2 vol.
AR. HOUSSAYE.	Les comédiennes d'autrefois	1 vol.
L. MARTIN.	L'esprit de Voltaire	1 vol.
P. DE KOCK.	Madame de Monflanquin.	1 vol.
LÉON GOZLAN.	Balzac en pantoufles	1 vol.
MÉRY.	Les damnés de Java	5 vol.
LAMARTINE.	Les femmes illustres.	1 vol.
—	Jules César	2 vol.
CHAMPFLEURY.	Contes choisis	1 vol.

.

www.ingramcontent.com/pod-product-compliance
Lightning Source LLC
Chambersburg PA
CBHW070618100426
42744CB00006B/530